Lindemann-Brecker | **Kreative Bausteine für den kaufmännischen Unterricht**

W0189560

Lindemann-Brecker | # Kreative Bausteine für den kaufmännischen Unterricht

Merkur
Verlag Rinteln

Wirtschaftswissenschaftliche Bücherei für Schule und Praxis
Begründet von Handelsschul-Direktor Dipl.-Hdl. Friedrich Hutkap †

Verfasserin:

Oberstudienrätin
Meike Lindemann-Brecker, Dipl.-Handelslehrerin

* * * * *

Das Werk und seine Teile sind urheberrechtlich geschützt. Jede Nutzung in anderen als den gesetzlich zugelassenen Fällen bedarf der vorherigen schriftlichen Einwilligung des Verlages. Hinweis zu § 52a UrhG: Weder das Werk noch seine Teile dürfen ohne eine solche Einwilligung eingescannt und in ein Netzwerk eingestellt werden. Dies gilt auch für Intranets von Schulen und sonstigen Bildungseinrichtungen.

2. vollständig überarbeitete Auflage 2008
© 2000 by MERKUR VERLAG RINTELN

Gesamtherstellung:
MERKUR VERLAG RINTELN Hutkap GmbH & Co. KG, 31735 Rinteln

E-Mail: info@merkur-verlag.de
            lehrer-service@merkur-verlag.de

Internet: www.merkur-verlag.de

Illustrationen: Oliver Brecker

ISBN 978-3-8120-**0394-0**

Die Welt von morgen entsteht
auch in den didaktischen Systemen
der Schule der Gegenwart.
J. Szaniawski

Vorwort

„Kreative Bausteine für den kaufmännischen Unterricht" – was kann man sich unter diesem Titel vorstellen? Im ersten Moment scheinen die Begriffe „kaufmännisch", „kreativ" und „Bausteine" vielleicht in einem gewissen Widerspruch zu stehen: Kaufmännische Inhalte und Tätigkeiten werden im allgemeinen eher als nüchtern, sachlich und „kopflastig" eingestuft, während Kreativität etwas mit Spaß, Eifer, Ideenreichtum und Gefühl zu tun hat. Und „Bausteine" findet man bestimmt seltener in einer Schule als auf einer Baustelle... – Lassen Sie mich also versuchen, den Titel zu erklären:

Es geht hier um schulisches Lernen am Beispiel des kaufmännischen Unterrichts – und mein Hauptanliegen ist, dieses nicht zu einer meist langweiligen und ermüdenden Angelegenheit für alle Beteiligten zu machen, sondern Lernen mit Neugier, Freude an der eigenen Leistung und Spaß am gemeinsamen Tun zu ermöglichen. Dieses Buch soll den Lehrkräften viele Anregungen geben, wie die oft sehr trocken anmutenden Inhalte kaufmännischer Fächer mit kreativen methodischen „Bausteinen" so verbunden werden können, dass sowohl die Schüler/-innen als auch die Lehrenden zu einem befriedigenden und vor allem erfolgreichen Unterricht gelangen können.

Es handelt sich hier jedoch nicht um ein Buch, das komplett fertige Unterrichtsplanungen enthält, die man 1 : 1 einsetzen kann. Da muss ich vielleicht einige Leser/-innen enttäuschen. Ich kann niemandem die Arbeit abnehmen, möglichst individuell auf die Fähigkeiten der Schüler/-innen einzugehen und die für sie jeweils optimale Gestaltung des Unterrichts sorgfältig zu planen und vorzubereiten. Ich will dazu aber viele Anregungen geben und Hilfestellungen anbieten.

Die Metapher des „Bausteins" ist ganz bewusst gewählt worden: Ein einzelner Baustein macht noch lange kein Haus. Erst im Zusammenspiel mit anderen Bausteinen in einem vorher erstellten Gesamtplan entsteht ein individuelles, festes Gebäude. Auch in der Schule sollte ein solcher „Bauplan" vorhanden sein im Sinne eines möglichst umfassenden didaktischen Gesamtkonzepts. Die Lehrkraft sollte dabei – wiederum metaphorisch gesprochen – die Rolle des Bauleiters einnehmen, der durch eine planvolle Auswahl und Gestaltung geeigneter methodischer Bausteine dazu beitragen kann, die gesetzten Ziele zu erreichen.

Eine letzte Anmerkung zum Schluss: Zwar liegt der Schwerpunkt dieses Buches auf Unterrichtsinhalten im kaufmännisch-verwaltenden Bereich, dennoch lassen sich alle Methodenvorschläge problemlos auf andere Unterrichtsinhalte übertragen. Die Notwendigkeit, Unterricht schüler/-innenaktiver zu gestalten stellt schließlich eine umfassende Forderung für alle Schularten dar!

München, im März 2008   Meike Lindemann-Brecker

Inhaltsverzeichnis

1 Warum ist Methodenvielfalt im Unterricht so wichtig?

Die weitaus häufigste Klage von Schüler/-innen ist, dass Unterricht über alle Schularten und Altersstufen hinweg als sehr langweilig und monoton empfunden wird. Ein lehrer/-innenzentrierter und methodisch einseitiger Schulalltag zwingt die Lernenden oft über Stunden hinweg zum passiven Zuhören. Viele Schüler/-innen können die dafür erforderliche Konzentration und Aufmerksamkeit aber nicht über längere Zeit aufrecht erhalten, sodass durch Ermüdungserscheinungen und Konzentrationsschwächen inhaltliche Lücken und Verständnisschwierigkeiten auftreten, die den Lernerfolg beeinträchtigen.

Lernpsychologisch bringt eine überwiegend passiv-rezeptive Unterrichtsgestaltung relativ wenig. So produziert eine einseitig „verkopfte" Inhaltsvermittlung durch die Lehrenden „fast zwangsläufig eine Gleichgültigkeit der Schüler/-innen gegenüber den vielen Inhalten, die auf sie einstürmen"[1]. Passive Lernformen fördern reproduktive Verhaltensweisen und führen dazu, dass Lerninhalte auswendig gelernt werden und damit abstrakt bleiben, weshalb sie nicht flexibel zu komplexen Problemlösungen herangezogen werden können. Diese Problematik des so genannten „trägen Wissens" kollidiert jedoch mit den immer höheren Anforderungen der Berufs- und Lebenswelt an die Schüler/-innen. Gefragt sind heute neben einer soliden Basis an Fachwissen vor allem die so genannten „Schlüsselqualifikationen" wie z.B. die Fähigkeit und Bereitschaft zum lebenslangen Lernen, zur selbstständigen Problemlösung, Kritikfähigkeit, soziale Kompetenzen, Kommunikationsfähigkeit oder Kreativität.

„Der Unterricht muss, um es anders auszudrücken, nicht nur zum Kennen, sondern zum Können führen. Sonst erziehen wir Alleswisser und Nichtskönner."[2]

---

[1] Meyer / Paradies (1993b), S. 8
[2] Beck (1993), S.10

Welche Ansprüche im einzelnen an den Unterricht festzustellen sind und auf welche Weise konventioneller Unterricht damit bricht, veranschaulicht die folgende Übersicht:

Gegenüberstellung von Anspruch und Wirklichkeit im Unterricht[1]

Bruch zwischen

Anforderungen /Ansprüchen	Konventionellem Unterricht
• Bewältigung ganzheitlicher Aufgaben	• Detailwissen, Verwelkwissen, Zerfächerung
• Lebensnähe	• Wissenschaftlichkeit
• Aufbau stabiler Wissens-/ Handlungsstrukturen	• Definitionswissen
• Selbstständigkeit	• Lehrer als dominierender „Bescheidwisser", Schüler als reagierende Größe
• Aktivität, Erfolgserlebnisse	• Zuhören/Sprechen statt Tun („Quizveranstaltung ohne Preise")
• individuelles Lernen	
• kommunikative Kompetenzen, soziale Kontakte, angenehme Unterrichtsatmosphäre	• „Lernen im Gleichschritt"
	• Ein-Weg-Kommunikation (Lehrer →Schüler)

Anhand dieser Gegenüberstellung verdeutlicht PANCRATZ, dass traditioneller Unterricht den heutigen Anforderungen und Ansprüchen der Lernenden sowie der Berufs- und Lebenswelt nicht gerecht werden kann. Die elementaren Bedürfnisse der Schüler/-innen nach lebensnahen Unterrichtsinhalten, selbstständigen Lernaktivitäten und damit verbundenen individuellen Erfolgserlebnissen können durch einen einseitig lehrer/-innenzentrierten Unterrichtsalltag nicht eingelöst werden.

Angesichts dieses Dilemmas stellt sich die Frage, was man gegen die Langeweile und den Schulfrust vieler Schüler/-innen unternehmen kann, um damit den Lernerfolg zu erhöhen?

In diesem Zusammenhang kommt der Methodenfrage entscheidendes Gewicht zu, denn „[v]or allem Gleichförmigkeit und die ständige Wiederholung der immer gleichen Methoden machen Unterricht nach Aussage der Schüler so öde und langweilig."[2] Während die Lernenden den Unterrichts*inhalten* in der Regel mehr oder weniger gleichgültig gegenüberstehen, fühlen sie sich von den *Methoden*entscheidungen der Lehrer/-innen direkt betroffen, da ihnen dadurch mögliche Handlungsspielräume be-

---

Vgl. Pancratz (1996), S. 24
Fichten (1993), S. 108

schnitten oder eröffnet werden.[1] Ganz wesentlich in diesem Zusammenhang ist auch die Tatsache, dass sich Schlüsselqualifikationen nicht *vermitteln* lassen, sondern vielmehr von jedem Einzelnen individuell entwickelt werden müssen. Der Unterricht muss den Schüler/-innen demnach vielfältige Möglichkeiten zu dieser Entwicklung eröffnen, was vorrangig ein *Gestaltungs*problem von Lehr-Lern-Prozessen mit sich bringt.

Als Konsequenz folgt, dass eine vielfältige Methodenkultur im Unterricht zwingend notwendig ist, um das umfassende Bildungsziel einer selbstständigen, eigen- und sozialverantwortlich handelnden Persönlichkeit zu verwirklichen!

---

1   Vgl. Fichten (1989), S. 31; Meyer (1994), S. 52

2 Kreative Bausteine
für den kaufmännischen Unterricht

Im kaufmännischen Unterricht[1] scheint eine methodisch abwechslungsreiche und schüler-/-innenorientierte Unterrichtsgestaltung oft besonders schwierig zu sein, weil die Lehrpläne i.d.R. eine Fülle von kognitiven Inhalten mit oft umfangreichem Detailwissen vorsehen. Bis auf die bekannten „großen" handlungsorientierten Methoden wie Planspiel, Fallstudie oder Projekt sowie die Arbeit in schulischen Lernbüros werden in der didaktischen Literatur bislang nur wenig andere Methoden vorgestellt, die ohne so großen Aufwand im kaufmännischen Unterricht eingesetzt werden können.

Um diese noch vorhandene Lücke ein wenig zu schließen und um die Kreativität und methodische Phantasie bei der kaufmännischen Unterrichtsgestaltung anzuregen, werden im folgenden Teil zahlreiche Beispiele dafür gegeben, wie man mit unterschiedlichsten Gestaltungsmethoden sowohl die Persönlichkeitsentwicklung der Schüler-/-innen als auch das kognitive Verständnis für kaufmännische Inhalte fördern kann. Ein wichtiges Ziel dabei ist, Lernen für alle Beteiligten wieder mit mehr Freude und Erfolg zu besetzen und vor allem das selbstständige Lernen zu lernen, was im Unterricht über alle Schularten hinweg leider immer noch zu häufig vernachlässigt wird. Aus diesem Grund werden viele kreative methodische Vorschläge gemacht, die zum Teil eher unüblich erscheinen, aber gerade dadurch belebend auf den Unterricht und die Lernmotivation wirken können und so auch neue Zugangsmöglichkeiten zu den Inhalten verschaffen.

Der Aufbau des praktischen Teils folgt in seiner Gliederung den gängigen Unterrichtsphasen *Themeneinführung – Erarbeitung – Ergebnissicherung – Auswertung*[2]. Zusätzlich werden einige methodische Beispiele für den Meta-Unterricht vorgestellt, der in seiner Bedeutung für die Lerneffektivität nicht zu unterschätzen ist, sowie abwechslungsreiche Spiele für zwischendurch, denen ebenfalls eine gewisse Bedeutung im Unterrichtsalltag zukommen sollte.

Zu Beginn einer jeden neuen Unterrichtsphase in diesem Buch wird eine kurze theoretische Erläuterung vorangestellt, damit die nachfolgenden Bausteine besser beurteilt und gezielter ausgewählt werden können. Die einzelnen methodischen Vorschläge werden dann jeweils stichwortartig mit den wichtigsten didaktischen Zielen eingeleitet. Diese Zielsetzung ist keineswegs als vollständiger Zielkatalog im Sinne einer ausgearbeiteten Unterrichtsvorbereitung zu verstehen, sondern vielmehr als kurzer Überblick über die wichtigsten Intentionen, die hinter der jeweiligen Methode stehen.

Anschließend wird die praktische Umsetzung im Unterricht vom Ablauf her beschrieben. Zur besseren Anschaulichkeit werden jeweils ein oder mehrere selbst gewählte Beispiele aus dem kaufmännischen Bereich vorgestellt, die je nach Methode mehr oder

---

[1] Die Begriffe „kaufmännische Schulen", „kaufmännischer Unterricht" o.ä. werden im Folgenden stellvertretend für alle bestehenden Schulformen und Fächer im kaufmännisch-verwaltenden Bereich verwandt.
[2] Vgl. z.B. Meyer (1987), S. 104 ff.

weniger ausführlich sind. Dabei wurde darauf geachtet, eine möglichst breite Einsatz-möglichkeit für den kaufmännischen Unterricht aufzuzeigen, um die Phantasie und Kreativität der Lehrenden anzuregen. Die dann folgende didaktische Erläuterung spricht weiterführende Aspekte und Überlegungen an, zeigt mögliche Schwierigkeiten auf, etc. Abschließend erfolgt zu jedem Baustein eine Auflistung benötigter Materialien und eine ungefähre Zeitangabe für den Einsatz der Methode im Unterricht, die jedoch nur als grobe Schätzung zu verstehen ist und je nach Klassengröße, Wissensstand der Schüler/-innen und sonstigen Einflussfaktoren variieren kann. Schließlich werden Literaturhinweise bezüglich derjenigen methodischen Vorschläge gegeben, die an bereits vorliegender Literatur angelehnt sind. Zusätzlich werden an einigen Stellen weiterführende Literaturangaben für den interessierten Leser gegeben, der sich über komplexere Methodenvorschläge ausführlicher informieren möchte.

Der rezeptologische Aufbau der Methodenbausteine kann sicherlich kritisiert werden. Er erscheint jedoch am praktischsten, weil dadurch eine angemessene Kürze und Übersichtlichkeit gewährleistet ist. Aus diesem Grund finden sich ähnliche Gliederungen wohl auch in anderen didaktischen Werken[1]. Diese relativ knappe Darstellungsweise bringt jedoch zwangsläufig den Nachteil mit sich, dass die theoretisch-didaktischen Hintergründe der einzelnen Methoden nicht ausführlich erläutert werden können. Auch eventuell notwendige Vorübungen und Lernvoraussetzungen sowie weiterführende Überlegungen bezüglich der Unterrichtsplanung können und sollen hier nicht ausdiskutiert werden. Die einzelnen methodischen Vorschläge sind daher wirklich nur als einzelne Bausteine im Sinne eines didaktischen Gesamtgerüsts zu verstehen und müssen für einen erfolgreichen Einsatz selbstverständlich vom Lehrenden individuell auf die jeweilige Klassen- und Lernsituation abgestimmt und konkret ausgearbeitet werden.

---

[1] Vgl. z.B. Klippert (1998) oder Greving / Paradies (1996)

Themeneinführung

2 Brecker, Bausteine – ISBN 978-3-8120-0394-0

2.1 Themeneinführung

In der didaktischen Literatur wird häufig pauschal von „Unterrichtseinstiegen" gesprochen, obwohl man zwischen der täglich wiederkehrenden Stundeneröffnung und thematischen Einführungen unterscheiden muss. Zwar können beide Kategorien durchaus zusammenfallen, aber in der Regel müssen thematische Einführungen gerade bei längeren, komplexeren Unterrichtseinheiten viel sorgfältiger vorbereitet und didaktisch reflektiert werden als mögliche Stundeneröffnungsrituale wie Morgenkreis, Erledigung von Klassengeschäften, etc. Anhand dieser Pauschalisierung und ungenauen Spezifizierung von Unterrichtseinstiegen wird bereits deutlich, dass diese erste Phase des Unterrichts in der didaktischen Planung oft zu kurz kommt. In der pädagogischen Praxis wird das neue Unterrichtsthema meist auf einer rein kognitiven Ebene vorgestellt und anschließend erfolgt bereits die Erarbeitungsphase. „Schülerinteressen, Emotionen, Vorlieben, Werthaltungen, Fähigkeiten und psychomotorische Kompetenzen spielen häufig nur eine untergeordnete Rolle."[1] Diese gängige Vernachlässigung des thematischen Unterrichtseinstiegs als eigenständige didaktische Phase kann jedoch für die Lernmotivation nachteilige Folgen haben. GREVING und PARADIES stellen dazu folgende These auf: „Wer nicht von Beginn an aktiv eingebunden wird, hat später kaum noch eine Chance und schon gar keine Motivation, sich selber zu beteiligen und ,einzubringen'."[2]

Ein gelungener Unterrichtseinstieg kann der gängigen Lernunlust vorbeugen, indem beispielsweise Neugier und Interesse am Thema geweckt werden, Fragehaltungen erzeugt und zentrale Problemstellungen angesprochen werden, Vorerfahrungen der Schüler/-innen berücksichtigt, Informationen über den geplanten Unterrichtsverlauf gegeben werden etc. Wichtig ist dabei, dass der Einstieg nicht nur auf rein kognitiver Ebene abläuft, sondern möglichst auch Gefühle, Erwartungen und Einstellungen der Schüler/-innen anspricht und berücksichtigt.

Zusätzlich beeinflussen die drei Kategorien **Sinn, Relevanz** und **Interesse** die Lernmotivation entscheidend. Der Sinn des Lernstoffs sollte den Schüler/-innen bereits bei der thematischen Einführung deutlich werden, damit sie sich auch auf langweiligere, unbeliebtere Themen einlassen. In diesem Zusammenhang spielt auch die Relevanz des Themas eine wichtige Rolle. Die Schüler/-innen sollten möglichst eine direkte Betroffenheit und offensichtliche Notwendigkeit der Lerninhalte von sich aus konstatieren können, um zum Lernen angeregt zu werden. Im Idealfall kommt dann ein persönliches Interesse am Unterrichtsthema dazu, sodass die Lernenden von sich aus eine Beschäftigung mit dem Thema suchen. In diesem Fall – der leider viel zu selten vorkommt, weil das Interesse der Schüler/-innen durch eine lernfeindliche Umgebung oft bereits im Keim erstickt wird – sind dann weitere Anregungen von außen nahezu überflüssig.

---

[1]   Greving/Paradies (1996), S. 15
[2]   Greving/Paradies (1996), S. 19

Die im Folgenden aufgeführten thematischen Einstiegsmöglichkeiten sollen als Beispiel dienen, wie man möglichst kreativ und schüler/-innenaktiv in kaufmännische Themengebiete einsteigen kann, um den genannten Forderungen nachzukommen. Dabei werden sowohl stärker kognitiv orientierte Einstiege vorgestellt, wie beispielsweise der *unvollendete Tafelanschrieb* oder das *Karten-Brainstorming,* aber auch eher affektive Möglichkeiten (z. B. *Bildersalat, Milling*). Die *personalisierten Ausgangssituationen* bilden eine Mischung aus beidem.

Zusätzlich werden Vorschläge gemacht, wie man mit diskursiven methodischen Verfahren in ein neues Unterrichtsthema einsteigen kann (z. B. *Abschaffungsdiskussion, Fish-Bowl)* oder welche eher psychomotorisch ausgerichteten Möglichkeiten (u. a. *Texttheater, Standbild)* bestehen.

In der Regel macht es Sinn, diese Einstiege durch eine kurze Informations- bzw. Orientierungsphase zu ergänzen, um die Einordnung des neuen Unterrichtsthemas in einen größeren Zusammenhang bzw. in das bereits bestehende Vorwissen zu ermöglichen (z. B. durch eine *grafische Inhaltsübersicht*).

2.1.1 Unvollendeter Tafelanschrieb

Vorwissen und eigene Erfahrungen der Schüler/-innen aktivieren; Kommunikations-fähigkeit trainieren; Diskussionsbereitschaft und -fähigkeit fördern.

Ablauf:

Die Lehrkraft schreibt einen unvollendeten Satz in Bezug auf das neu einzuführende Thema an die Tafel, den die Schüler/-innen ergänzen sollen. Die Lernenden sollen ihre ergänzenden Aussagen möglichst stichwortartig und gut lesbar für alle auf bunte Papp-karten schreiben. Die Karten werden dann unter dem unvollendeten Satz veröffentlicht und von den jeweiligen Schüler/-innen kommentiert sowie gegebenenfalls erläutert. Anschließend kann eine Sortierung der Aussagekarten nach erkennbaren Kategorien oder eingeschätzter Wichtigkeit erfolgen. Dadurch dienen die Aussagen als erste Dis-kussionsgrundlage und können im weiteren Unterrichtsverlauf vertieft bearbeitet wer-den.

Beispiele:

> **(1) Zum Thema:** *Europäische Union*
>
> „VON EINER ERWEITERUNG DER EUROPÄISCHEN UNION VERSPRECHE ICH MIR...“
>
> Mögliche Nennungen: *kein Geldwechseln mehr, Belebung der Konjunktur, mehr Ar-beit, niedrigere Löhne, steigende Exporte, sinkender Lebensstandard, billigere Reisen, freie Wohnsitzwahl etc.*
>
> **(2) Zum Thema:** *Mangelhafte Lieferung*
>
> „UNTER EINER MANGELHAFTEN LIEFERUNG VERSTEHE ICH, DASS DIE WARE....“
>
> Mögliche Nennungen: *defekt ist, Fehler hat, einläuft, unpünktlich oder gar nicht ein-trifft, nicht funktioniert, zu klein ist, teurer als ausgemacht ist, nicht in ausreichender Menge eintrifft etc.*
>
> **(3) Zum Thema:** *Standort Deutschland*
>
> „ZU EINEM GEEIGNETEN WIRTSCHAFTSSTANDORT GEHÖRT FÜR MICH ....“
>
> Mögliche Nennungen: *gute Infrastruktur, billige Löhne, gut ausgebildete Mitarbeiter, lange Arbeitszeiten, geeignete Verkehrsanbindungen, hohe Arbeitsmoral, kaum Kon-kurrenz etc.*

Didaktische Erläuterung:

Diese Form des Einstiegs ermöglicht ein direktes, stark themenzentriertes Eingehen auf den zu behandelnden Unterrichtsstoff. Sinnvoll ist, die Fragen möglichst subjektiv zu stellen, da vor allem das Vorwissen oder die Haltungen der Lernenden erfragt werden sollen. Beides kann dann gut in die weitere Unterrichtsplanung miteinbezogen werden. Beachten sollte man, dass Nennungen auf den Karten möglichst nicht als „richtig" oder „falsch" eingestuft werden sollten, da es sich aufgrund der Aufgabenstellung schließlich um subjektive Antworten handelt und die Schüler/-innen ansonsten unter einen zu starken Leistungsdruck geraten. Als negative Folge könnten bei folgenden Kartenabfragen dann wahrscheinlich wesentlich weniger Antworten gesammelt werden, was den Sinn einer Kartenabfrage in Zweifel stellen würde.

Materialien:

Tafel/Pinwand, Abfragekärtchen, Kreppband/Stecknadeln, dicke Stifte

Zeitaufwand:

ca. 40 Minuten

Literaturhinweis:

Künne (1996), S. 15

2.1.2 Abschaffungsdiskussion

Zielsetzung:

Problembewusstsein schärfen; Kreativität fördern; Kommunikationsfähigkeit trainieren; Diskussionsbereitschaft stärken; Zusammenhänge/Verflechtungen verdeutlichen.

Ablauf:

Vom Lehrer wird die Frage an die Tafel geschrieben, was passieren würde, wenn man eine bestimmte Sache – sei sie konkret oder abstrakt – abschaffen würde. Die Diskussion kann darauf entweder sofort eröffnet werden oder man führt bei ruhigeren Klassen zunächst eine Kartenabfrage durch und diskutiert die Antworten anschließend. Möglich ist es auch, die genannten Aspekte nach verschiedenen Kriterien von den Schüler/-innen ordnen zu lassen, beispielsweise nach Eintrittswahrscheinlichkeit, nach Zeitdauer, nach betroffenen Gruppen, Schweregrad der Konsequenzen etc.

Eine andere mögliche Vorgehensweise besteht darin, zunächst in Gruppen diskutieren zu lassen und anschließend gemeinsam die Gruppenergebnisse zu präsentieren und zu erörtern.

Beispiele:

(1) Zum Thema: *Industrielle Beziehungen*

„WAS WÄRE, WENN MAN DIE GEWERKSCHAFTEN ABSCHAFFEN WÜRDE?"

Mögliche Antworten: *niedrigere Löhne, höhere Arbeitszeiten, weniger Urlaub, kein Kündigungsschutz, mehr Arbeitsplätze, höhere Flexibilität etc.*

(2) Zum Thema: *Funktionen des Geldes*

„WAS WÄRE, WENN MAN DAS GELD ABSCHAFFEN WÜRDE?"

Mögliche Antworten: *Tauschwirtschaft, neues Zahlungsmittel, Chaos, keine Ersparnisse mehr, Börsencrash, Bezahlen mit Naturalien, Unsicherheit, weniger Verbrechen etc.*

(3) Zum Thema: *Grundsätze ordnungsgemäßer Buchführung*

„WAS WÄRE, WENN MAN DIE BUCHFÜHRUNGSPFLICHT ABSCHAFFEN WÜRDE?"

Mögliche Antworten: *Chaos, keine Überprüfbarkeit, Betrug, weniger Büroarbeit, bessere Schulnoten, mehr Firmenpleiten, billigere Preise etc.*

Didaktische Erläuterung:

Die Abschaffungsdiskussion eignet sich vor allem dazu, die Bedeutung einer Sache im Rahmen der Wirtschaft und Gesellschaft zu problematisieren. Sie kann sowohl für die Themeneinführung bei bereits vorhandenen Grundlagenkenntnissen eingesetzt werden, eignet sich aber auch zur Ergebnissicherung einer Unterrichtseinheit, um zu überprüfen, inwieweit Bedeutung und Konsequenzen der behandelten Inhalte – wie z. B. die Funktion der Gewerkschaften oder des Geldes innerhalb unserer Gesellschaft – verstanden worden sind. Man muss allerdings bei diesem eher ungewöhnlichen Verfahren darauf gefasst sein, dass viele auf den ersten Blick abwegig erscheinende und nicht unbedingt ernst gemeinte Antworten auftauchen werden. Das ist jedoch positiv zu werten, da gerade solche Aussagen die Fantasie und das Interesse der Schüler/ -innen anregen können und sich häufig bei näherer Betrachtung als gar nicht mal so absurd erweisen.

Materialien:

Tafel/Pinwand, evtl. Kärtchen, Kreppband/Stecknadeln, dicke Stifte

Zeitaufwand:

ca. 30 Minuten

Literaturhinweis:

Künne (1996), S. 20

2.1.3 Bildersalat

Zielsetzung:

Fantasie und Kreativität anregen; Einstellungen der Schüler/-innen erkennen; Kommunikationsfähigkeit fördern; emotionale Einstimmung auf das Thema.

Ablauf:

Das neu einzuführende Thema wird genannt und die Schüler/-innen sollen sich aus ausliegenden Fotos, Zeichnungen, Comics, Zeitungsausschnitten etc. dasjenige heraussuchen, welches für sie persönlich am meisten mit dem Thema zu tun hat. Anschließend setzen sich jeweils 4–5 Mitschüler/-innen zusammen und jeder erläutert, warum er gerade dieses Bild genommen hat. Anschließend soll jede Gruppe im Plenum ein bis zwei Beispiele mit den jeweiligen Begründungen für die Auswahl vorstellen.

Beispiele:

(1) Zum Thema: *Leistungserstellung im Produktionsbetrieb*

Bilder von Fließbändern, Handwerkern, Industriegebieten, Kinderarbeit, Maschinen etc.

(2) Zum Thema: *Absatzpolitik*

Werbebilder, Preisangebote, Absatzkurven, Käufermassen, Anzeigen etc.

(3) Zum Thema: *Die menschliche Arbeitskraft*

Bilder von Streiks, Fließbandarbeitern, Bürokräften, Gehaltsstreifen, Arbeit in der dritten Welt, Stellenanzeigen etc.

Didaktische Erläuterung:

Die Bilder sollten sehr unterschiedlich sein und müssen auch nicht offensichtlich etwas mit dem Thema zu tun haben. Je vielfältiger das Angebot ist, desto stärker kann die Fantasie der Schüler/-innen angeregt werden. Das Ziel ist weniger eine direkte fachliche Auseinandersetzung mit dem Thema, sondern die persönlichen Assoziationen der Lernenden herauszufinden. Dieses Ziel sollte den Schüler/-innen auch im Vorfeld deutlich gemacht werden, um Missverständnissen vorzubeugen und die Bildauswahl zu erleichtern.

Materialien:

Ausgeschnittenes und gesammeltes Bildmaterial aus (Fach-)Zeitschriften, Tageszeitungen, Werbebroschüren, Karikaturbänden, Comics etc.

Zeitaufwand:

ca. 30 Minuten

Literaturhinweis:

Greving/Paradies (1996), S. 178 ff.

2.1.4 Thematische Zettelgeschichte

Kreativität und Fantasie fördern; mündliche Ausdrucksfähigkeit trainieren; Eingehen auf Äußerungen der Mitschüler/-innen üben.

Ablauf:

Die Lehrkraft stellt drei mögliche Titel von Geschichten zur Wahl, die mit dem neu einzuführenden Thema zu tun haben und verteilt an die Schüler/-innen verdeckte (!) Zettel, auf denen je ein Begriff oder kurzer Satz steht, der mehr oder weniger mit dem Thema verwandt ist. Die Zettel dürfen noch nicht angeschaut werden! Nach gemeinsamer Abstimmung über einen Titel beginnt die erste Schülerin mit der mündlichen Erzählung einer Geschichte, indem sie ihren Zettel aufdeckt und den Begriff in die Erzählung einbaut. Dann ist der nächste dran, deckt seinen Zettel auf und erzählt ein Stück weiter, bis er seinen Begriff eingebaut hat und ein Zeichen gibt, dass die nächste Mitschülerin an der Reihe ist. Auf diese Weise geht es reihum weiter. Die Geschichte sollte beendet sein, wenn der letzte Schüler seinen Zettel aufgedeckt hat

Beispiele:

(1) Zum Thema *Bewerbung* werden folgende drei Titel zur Wahl gestellt:
- *„Der Bewerbungsmarathon"*
- *„Ein missglücktes Vorstellungsgespräch"*
- *„Eine ungewöhnliche Bewerbung"*

Mögliche Begriffe auf den Zetteln: Zeugnis, Schule, Anzug, Anzeige, Arroganz, Hustenreiz, Fettfleck, Vorstellungsgespräch, Konkurrenten etc.

(2) Zum Thema: *Kaufvertrag*
- *„Ein verlockendes Angebot"*
- *„Übers Ohr gehauen!"*
- *„Ein Flohmarkt-Schnäppchen",*

Mögliche Begriffe auf den Zetteln: Schlitzohr, Sonderangebot, Kleingedrucktes, Lieferung, Feilschen, Mengenrabatt, minderjährig etc.

(3) Zum Thema: *Organisation*
- *„Oh Schreck, der Zettel ist weg!"*
- *„Ein chaotisches Büro"*
- *„Noch zwei Stunden Frist..."*

Mögliche Begriffe auf den Zetteln: Zettelberge, Angebot, Altpapier, Aktenschränke, Computervirus, Verzweiflung, Staub, Zeitdruck, hysterisch, etc.

Durch die Titelvorgaben und die Begriffszettel wird die Fantasie der Schüler/-innen bei dieser kreativen Einstiegsmöglichkeit bereits in eine bestimmte Richtung gelenkt, aber ansonsten nicht weiter eingeschränkt.

Wichtig ist, die Titel möglichst so zu wählen, dass sie auf ein besonderes Ereignis hinweisen, welches mit dem Thema zu tun hat. Auch die Begriffe auf den Zetteln sind darauf abzustimmen. Es können jedoch auch witzige und eher unpassend erscheinende Begriffe mit enthalten sein, um das Ganze lockerer zu gestalten und die Fantasie zu fördern. Dabei ist darauf zu achten, dass Fachausdrücke vermieden werden, welche den Schüler/-innen noch nicht bekannt sind.

Das Ergebnis ist völlig offen und kann trotz allem von der Themenstellung abweichen. Die Lehrkraft sollte diese Übung daher nicht als direkte Auseinandersetzung mit dem Stoffgebiet auffassen, sondern vielmehr als spielerische, fantasievolle Einstimmung ansehen, die zusätzlich Kreativität, mündliche Ausdrucksfähigkeit und das Eingehen auf vorhergehende Äußerungen fördert.

Eine noch schüler/-innenaktivere Variante besteht darin, dass sich die Lernenden sowohl die Titelvorgaben zu dem neuen Thema überlegen als auch selber je ein passendes Stichwort auf kleine Zettel schreiben, die dann anschließend gemischt und neu verteilt werden. Auf diese Weise kann die Zettelgeschichte ganz spontan eingesetzt werden, weil sie keinen Vorbereitungsaufwand vom Lehrenden bedarf.

Materialien:

evtl. vorbereitete Zettel, Tafel und Kreide

Zeitaufwand:

ca. 15 Minuten

2.1.5 Milling

Zielsetzung:

Haltungen der Schüler/-innen zu einem Thema deutlich machen; mündliche Kommunikationsfähigkeit üben; Kennenlernen untereinander fördern; genaues Zuhören trainieren; Eigendisziplin stärken; Produktion erster thematischer und affektiver Ergebnisse.

Ablauf:

Diese Einstiegsmethode – die teilweise auch „Sprechmühle" genannt wird – besteht aus sich abwechselnden Phasen der Bewegung nach Musik und sprachlichen Äußerungen.

Zunächst gehen alle Schüler/-innen kreuz und quer durcheinander durch den Raum. Dazu spielt Musik. Die Lehrkraft stoppt die Musik nach einiger Zeit und die Schüler/-innen sollen sich derjenigen Person zuwenden, die ihnen am nächsten steht. Die Lehrkraft bestimmt, wer Partner/-in A und B ist, indem ein bestimmtes Auswahlkriterium vorgegeben wird (siehe Beispiele). Partner/-in A hat jetzt ein bis zwei Minuten Zeit, dem Gegenüber auf eine von der Lehrkraft vorgegebene Fragestellung zu antworten. Partner/-in B darf während dieser Sprechzeit kein Wort sagen, sondern muss nur ganz genau zuhören. Auf ein Signal der Lehrkraft hin wechseln die Rollen und B spricht, während A nun zuhört. Sobald die Musik anfängt zu spielen, bewegen sich alle erneut bis zum nächsten Stopp. Dann wird eine andere Frage gestellt und die Sprech-Zuhör-Phase wird wie beschrieben durchgeführt.

Das Ganze wird ca. drei- bis fünfmal wiederholt. Anschließend kann man in einer gemeinsamen Runde das Gehörte kommentieren lassen und erste inhaltliche Elemente ansprechen.

Es kann auch sinnvoll sein, die Schüler/-innen das Gehörte in kurzen Stichworten auf Karteikarten notieren zu lassen, die dann aufgehängt, strukturiert und gemeinsam besprochen werden. Eine weitere Möglichkeit ist, die wichtigsten Aussagen in einer kurzen „Sprechsteinrunde" zusammenzufassen.

Beispiele:

(1) Ablauf des Millings zum Thema: *Altersvorsorge*

Die Musik läuft... Alle gehen durcheinander... Die Musik stoppt und die Schüler/-innen sollen sich jeweils zu zweit zusammentun. Die Lehrkraft gibt vor: ***Partner A ist derjenige, der größere Schuhe hat...*** Dann kommt die Frage: ***„Wie stellst du dir dein Leben im Alter vor?"***... A beginnt zu sprechen, B hört zu... nach zwei Minuten weist die Lehrkraft einen Sprechwechsel an, sodass B nun spricht und A zuhören muss...

Weitere zwei Minuten später wird die Musik wieder angestellt, die Runde ist vorbei und alle gehen durcheinander... Die Musik stoppt erneut, es werden neue Paare gebildet... Der nächste Partner A ist derjenige **mit den längeren Haaren,** die Frage lautet: *„Wie willst du finanziell für das Alter vorsorgen?"...* A beginnt zu sprechen etc.

(2) Mögliche Fragestellungen des Millings zum Thema: *Berufswahl*

- *Weshalb möchtest du im kaufmännischen Bereich arbeiten?*
- *Was versprichst du dir von einer Ausbildung zum Bank-/Industrie-/Einzelhandelskaufmann etc.?*
- *Was gefällt dir/was gefällt dir nicht an (d)einer Ausbildung?*
- *Glaubst du, dass man die Berufswahl auf den Arbeitsmarkt abstimmen muss?*
- *etc.*

Didaktische Erläuterung:

Zu beachten ist beim Einsatz des Millings, dass es sich um Themen und Fragestellungen handelt, die nicht nur rein kognitiv sind, sondern vor allem Erfahrungen und Einstellungen der Schüler/-innen ansprechen. Für die rein sachliche Einführung in ein Thema ist das Milling dagegen ungeeignet; es würde die Schüler/-innen mit geringen Kenntnissen eher abschrecken und damit das Ziel verfehlen, auch ruhigere Schüler/-innen zu längerem Sprechen zu bewegen. Gerade aus diesem Grund wird die klare Einteilung in Sprech- und Zuhörphasen relativ rigide unternommen. Das ist für viele Schüler/-innen sicherlich schwierig durchzuhalten und erfordert ein hohes Maß an Eigendisziplin, übt aber auch aktives Zuhören und überlegtes Sprechen.

Materialien:

Kassettenrecorder/CD-Spieler, Musikkassetten/CD's

Zeitaufwand:

ca. 20 Minuten

Literaturhinweis:

Greving/Paradies (1996), S. 163 ff.

2.1.6 Karten-Brainstorming

Vorwissen/Erwartungen der Schüler/-innen aktivieren; (thematische) Fantasie und Kreativität anregen; Hilfe für die thematische Schwerpunktsetzung erhalten; Interessen der Schüler/-innen berücksichtigen.

Ablauf:

Die Lehrkraft schreibt das neue Unterrichtsthema groß an die Tafel. Die Schüler/-innen werden aufgefordert, ihre Ideen, Erwartungen, Vorstellungen und Interessen bezüglich dieses Themas in Stichworten auf Karten zu schreiben und an die Tafel zu kleben. Anschließend erfolgt eine gemeinsame Strukturierung, Besprechung und Auswertung der gesammelten Vorschläge. Der/die Lehrer/-in sollte an dieser Stelle auf die Lehrplaninhalte bezüglich dieses Themas hinweisen und es muss geplant werden, inwieweit die Interessen der Schüler/-innen darin berücksichtigt werden können oder ob zusätzliche Unterthemen im Unterricht behandelt werden sollen.

Beispiele:

(1) Thema der Unterrichtseinheit:

Problematik der Personalkosten in Deutschland

1. Phase: Ideensammlung

Welche Konsequenzen folgen aus sehr hohen Personalkosten?

2. Phase: Strukturierung der gesammelten Ideen

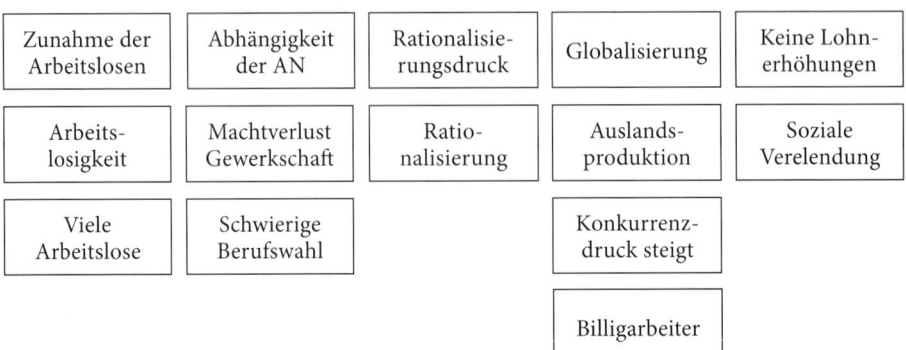

Zunahme der Arbeitslosen	Abhängigkeit der AN	Rationalisierungsdruck	Globalisierung	Keine Lohnerhöhungen
Arbeitslosigkeit	Machtverlust Gewerkschaft	Rationalisierung	Auslandsproduktion	Soziale Verelendung
Viele Arbeitslose	Schwierige Berufswahl		Konkurrenzdruck steigt	
			Billigarbeiter	

3. Phase: Gemeinsame Besprechung, Diskussion und Bewertung der Aussagen (evtl. mit Punktabfrage, d. h., die Schüler/-innen sollen die am wichtigsten erachteten Aussagen mit Klebepunkten markieren)

4. Phase: Planung des weiteren inhaltlichen Vorgehens

(2) Thema der Unterrichtseinheit *Arbeit als individuelle Lebensgestaltung*

1. Phase: Ideensammlung

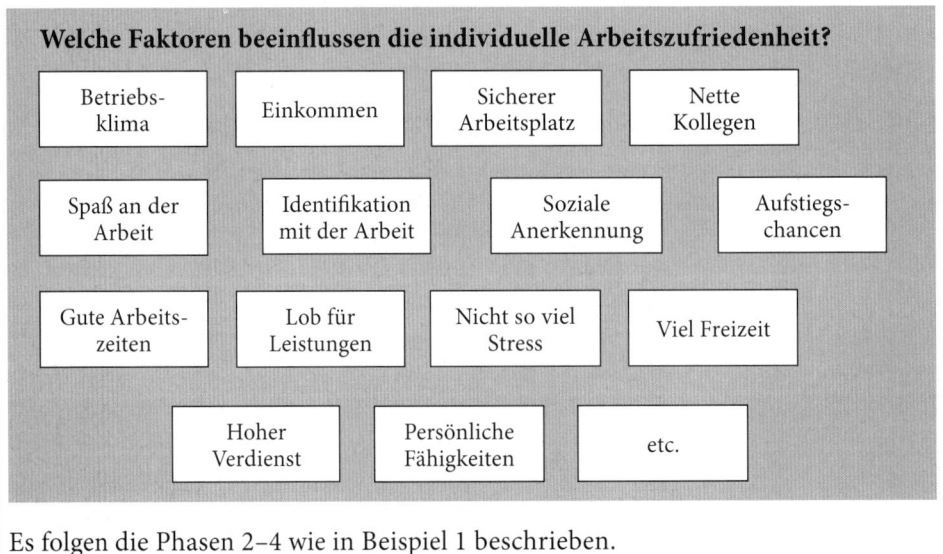

Welche Faktoren beeinflussen die individuelle Arbeitszufriedenheit?

Betriebsklima	Einkommen	Sicherer Arbeitsplatz	Nette Kollegen
Spaß an der Arbeit	Identifikation mit der Arbeit	Soziale Anerkennung	Aufstiegschancen
Gute Arbeitszeiten	Lob für Leistungen	Nicht so viel Stress	Viel Freizeit
Hoher Verdienst	Persönliche Fähigkeiten	etc.	

Es folgen die Phasen 2–4 wie in Beispiel 1 beschrieben.

Didaktische Erläuterung:

Ein Brainstorming in Form einer Kartenabfrage bietet eine gute Möglichkeit für die Schüler/-innen, sich individuell mit dem neuen Thema auseinanderzusetzen und auch die persönlichen Erfahrungen, Meinungen und Ideen mit einzubringen. Die Veröffentlichung und Diskussion über die Vorschläge ermöglicht dem Lehrer, das bereits vorhandene Vorwissen der Lernenden besser einzuschätzen und es in die weitere Unterrichtsplanung mit einzubeziehen. Auch die Lernenden erfahren durch diese Methode bereits einiges über das neue Thema, was das Interesse daran wecken und die Lernmotivation fördern kann. Besonders geeignet ist die Ideensammlung für Themen, die den Schüler/-innen bereits aus eigenen Erfahrungen und aus der aktuellen politischen oder wirtschaftlichen Diskussion zumindest in Grundzügen bekannt sein müssten. Für sehr theoretische Unterrichtsinhalte, die vorwiegend durch spezielles Faktenwissen gekennzeichnet sind, eignet sie sich jedoch nicht.

Materialien:

Pappkarten, Kreppband, Tafel, evtl. Klebepunkte

Zeitaufwand:

ca. 1 Unterrichtsstunde

2.1.7 Thematisches Standbild

Zielsetzung:

Haltungen der Schüler/-innen zum Ausdruck bringen; Körperbewusstsein stärken; Einfühlungsvermögen erhöhen; Kreativität und Fantasie anregen.

Ablauf:

Die Schüler/-innen werden gebeten, zu dem neuen Unterrichtsthema in Gruppen von 5–7 Lernenden ein Standbild zu entwickeln, das ihre Haltung zum Thema ausdrückt. Jede Gruppe stellt ihr Standbild anschließend im Plenum vor, entweder so, dass die Gruppenmitglieder selbst das Standbild darstellen oder es werden einige Mitschüler/-innen ausgewählt und zu dem Bild „geformt". Die beobachtenden Schüler/-innen sollen nun herausfinden, welche Personen, Institutionen etc. dargestellt werden und was sie denken oder fühlen könnten. Nach dem Interpretationsversuch des Plenums erläutert die betreffende Gruppe dann ihre Intentionen bezüglich des Standbilds. Nachdem alle Gruppen an der Reihe waren, wird gemeinsam über die verschiedenen Darstellungen diskutiert.

Beispiele:

(1) **Standbild zum Thema:**
  Die Bedeutung der menschlichen Arbeitskraft im Betrieb

(2) **Standbild zum Thema:** *Führungsverhalten im Unternehmen*

(3) **Standbild zum Thema:** *Kundenorientierung*

Didaktische Erläuterung:

Das Standbildbauen bietet eine Fülle von Möglichkeiten zur Darstellung von persönlichen Haltungen bezüglich des neuen Themas und fördert die Sensibilität und das Einfühlungsvermögen der Schüler/-innen in andere Personen. Es erfordert jedoch gewisse Vorkenntnisse von den Lehrkräften, die sich mit den grundlegenden Vorgehensweisen und Zielen des Standbildbauens vertraut machen sollten, um einen effektiven Einsatz im Unterricht zu gewährleisten. Wichtig ist außerdem, dass ein angenehmes Klassenklima herrscht, weil sich die Schüler/-innen untereinander berühren und „formen" müssen. Sind diese Voraussetzungen erfüllt, kann das Standbildbauen eine sehr interessante und aufschlussreiche Variante des thematischen Einstiegs sein.

Materialien:

keine

Zeitaufwand:

ca. 1 Unterrichtsstunde

Literaturhinweis:

Als einführende Literatur in das Standbildbauen als ein Element des szenischen Spiels ist Scheller (1998) z. B. gut geeignet.

2.1.8 Meinungslinie

Allgemeines Meinungsbild für alle offensichtlich machen; Schüler/-innen sollen lernen, Stellung zu beziehen; Argumentationsfähigkeit trainieren.

Ablauf:

Bezüglich des neu einzuführenden Themas wird eine zentrale kontroverse Frage von der Lehrkraft gestellt. Die Schüler/-innen sollen ihre Haltung dazu für alle sichtbar machen, indem sie sich auf einer vorbereiteten Linie, die mitten durch den Klassenraum verläuft, auf die Position stellen, die ihrer Meinung am ehesten entspricht. Sie können sich dabei sowohl auf die Extrempole stellen als auch eine Position entlang der Linie wählen. Die Mitte der Linie kennzeichnet ein Unentschieden. Auf der gewählten Position bleiben die Schüler/-innen zunächst stehen. Nun geht die Lehrkraft herum und fordert eine Schülerin auf zu erklären, warum sie sich gerade auf diese betreffende Position gestellt hat. Nach einer kurzen, präzisen Antwort darf diejenige nun einen anderen Schüler nach Wahl auf die gleiche Weise befragen. Dann fragt dieser die Nächste usw. Nachdem etwa 5–6 Schüler/-innen ihre Positionswahl begründet haben, setzen sich alle wieder hin und besprechen die Meinungsverteilung sowie die gehörten Argumente.

Beispiele:

(1) Thema: *Kündigungsschutz*

Kontroverse Fragestellung: „*Sollte der Kündigungsschutz gelockert werden oder nicht?*"

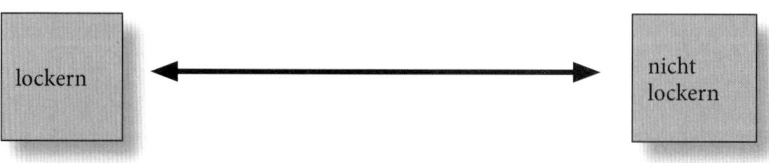

(2) Thema: *Umweltproblematik*

Kontroverse Fragestellung: „*Sollten die Umweltauflagen in der deutschen Industrie verschärft werden oder nicht?*"

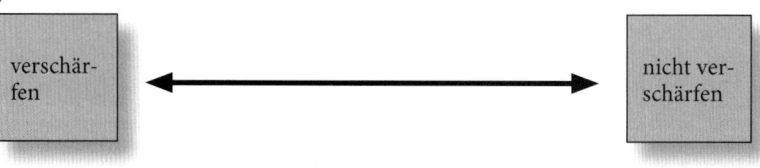

Didaktische Erläuterung:

Dieses Einstiegverfahren, das bei allen Themen eingesetzt werden kann, den Schüler/-innen bereits aus eigener Erfahrung oder aus der aktuellen öffentlichen Diskussion bekannt sein müsste, macht die unterschiedlichen Meinungen und Stimmungen innerhalb der Klasse offensichtlich. Da die Schüler/-innen ihre Meinung auch begründen müssen, können bereits vorhandene Vorkenntnisse oder auch bestehende Vorurteile, Zweifel etc. sondiert und für die weitere Unterrichtsarbeit verwendet werden. Es bietet sich an, die Summe der verschiedenen Meinungen schriftlich festzuhalten und die Meinungslinie am Ende der Unterrichtseinheit noch einmal zu wiederholen, nachdem das Thema ausführlich behandelt worden ist. Interessant ist dann, zu sehen, wie viele Schüler/-innen ihre Meinung geändert haben und zu erfahren, was sie dazu bewogen hat.

Materialien:

Kreppband/Papier/Schnur, große Karten mit Extrempolen

Zeitaufwand:

ca. 20 Minuten

Literaturhinweis:

Gudjons (1995), S. 180

2.1.9 Fish-bowl

Korrektes Diskussionsverhalten üben; konzentrierten Meinungsaustausch ermöglichen; Haltungen und Vorwissen der Schüler/-innen in Erfahrung bringen; Kommunikationsfähigkeit erhöhen.

Ablauf:

Es wird ein Stuhlkreis gebildet. In der Mitte werden 4–6 Stühle sich gegenüberstehend aufgestellt, sodass Pro- und Kontra-Stühle deutlich voneinander getrennt sind. Vorgegeben wird nun eine möglichst kontroverse Fragestellung bezüglich des neuen Themas, das den Schüler/-innen bereits in Grundzügen aus der öffentlichen Diskussion oder aus eigener Erfahrung bekannt sein sollte. Die Diskussion wird eröffnet, indem sich ein oder mehrere Freiwillige auf einen der Pro- oder Kontra-Stühle setzen und ihre Meinungen bekannt geben. Sobald jemand aus dem Plenum auf die Äußerungen eingehen will oder einen weiteren Diskussionspunkt einbringen möchte, setzt er sich auf die entsprechende Stuhl-Seite in die Mitte und nimmt an der Diskussion teil. Sobald er das Gefühl hat, momentan nicht mehr direkt an der Diskussion beteiligt zu sein oder nichts mehr dazu sagen möchte, verlässt er wieder die Mitte und macht den Stuhl für einen neuen Diskussionswilligen frei. Dadurch findet ein häufiger Wechsel der Diskussionsteilnehmer statt. Es ist nicht erlaubt, aus dem Stuhlkreis heraus eine Meinung zu äußern!

Beispiele:

(1) Neues Unterrichtsthema: *Wertpapiere als Geldanlage*

Fish-bowl über die Fragestellung: *„Soll man als Kleinanleger in Aktien investieren oder nicht?"*

(2) Neues Unterrichtsthema: *Betriebsrat*

Fish-bowl über die Fragestellung: *„Sollte in allen Unternehmen ein Betriebsrat bestehen oder nicht?"*

(3) Neues Unterrichtsthema: *Personalauswahl im Unternehmen*

Fish-bowl über die Fragestellung: *„Sollten Zeugnisse ein zentrales Personaleinstellungskriterium sein oder nicht?"*

Didaktische Erläuterung:

Ähnlich wie in einem Aquarium (= fishbowl) spielt sich das eigentliche Geschehen bei dieser Diskussionsmethode in der Mitte ab, während drumherum nur Zuschauer sit-

zen. Durch diese Zentrierung ist die Aufmerksamkeit und Konzentration der Schüler/
-innen in der Regel höher als bei einer „normalen" Diskussion, bei der den Äußerungen
der Mitschüler/-innen häufig nicht genügend Beachtung geschenkt wird. Zusätzlich
können die gängigen Diskussionsregeln durch das Fish-bowl viel bewusster eingesetzt
und wahrgenommen werden, da jeweils nur wenige Schüler/-innen die Möglichkeit
zur Diskussion haben und dabei – im wahrsten Sinne des Wortes – im Mittelpunkt der
allgemeinen Aufmerksamkeit stehen.

Voraussetzungen für einen erfolgreichen Einsatz des Fish-bowl sind zum einen die
Kenntnis grundlegender Diskussionsregeln und zum anderen ein offenes Gesprächs-
klima innerhalb der Klasse. Es nützt wenig, wenn nur die Lehrkraft in der Mitte sitzt
oder nur ein bis zwei Schüler/-innen an der Diskussion teilnehmen wollen. Eventuell
sollte den Schüler/-innen deshalb im Vorfeld eine kurze Zeit eingeräumt werden, innerhalb der sie ihre Argumente vorbereiten können, damit die anschließende Diskussion in Schwung kommt.

Materialien:

Stühle

Zeitaufwand:

Je nach Diskussionsbereitschaft ca. 30 Minuten

Literaturhinweis:

Klippert (1998), S. 152

2.1.10 Texttheater

Haltung der Schüler/-innen zum Thema deutlich machen; Kreativität und Fantasie fördern; Objektivität von Texten hinterfragen; individuelle Textinterpretationen durch verschiedene Inszenierungstechniken ermöglichen; psychomotorische Auseinandersetzung mit dem Thema fördern; Kooperationsfähigkeit stärken.

Ablauf:

Beim Texttheater handelt es sich um die szenische Interpretation eines vorliegenden Textes durch die Schüler/-innen. Es soll versucht werden, in Gruppen von 5–7 Lernenden einzelne, wortwörtliche Zitate (Wörter, Satzteile oder ganze Sätze) des Textes so geschickt zu montieren und mit szenischen Mitteln darzustellen, dass ein „Mini-Theaterstück" von ca. 2–5 Minuten entsteht, in dem die Haltungen und individuellen Interpretationen der Schüler/-innen deutlich werden. Die wichtigste Spielregel ist, dass der Wortlaut der einzelnen Zitate nicht verändert werden darf, aber durch Ironisierung, Verfremdung, Montage mit anderen Zitaten etc. können völlig andere Deutungen entstehen als vom Autor beabsichtigt. Mögliche Inszenierungstechniken sind körperliche Gesten beim Sprechen, räumliche Anordnungen und Bewegungen der Sprecher/-innen, rhythmische Vortragsweisen von prägnanten Textstellen, Wiederholungen einzelner Wörter durch monotone Sprechchöre, Polarisieren von Äußerungen durch zwei sich gegenüberstehenden Schülern etc. Es gibt keine festen Regeln außer der des unveränderbaren Wortlautes, da es vor allem darauf ankommt, den Zuschauern die subjektive Sichtweise der Darsteller bezüglich des Textes zu veranschaulichen. Nach der Erarbeitung der verschiedenen Inszenierungen spielt jede Gruppe ihr Texttheater dem Plenum vor.

Im Anschluss an alle Aufführungen wird über das Gesehene gemeinsam diskutiert.

Beispiele:

(1) **Texttheater zum Thema:**
   Finanzierung und Verschuldung öffentlicher Haushalte
Die Problematik über hoch verschuldete öffentliche Haushalte bis hin zur Zahlungsunfähigkeit und zum Zusammenbruch einiger Staaten bietet eine gute Möglichkeit zur Arbeit mit dem Texttheater und es wird mit Sicherheit viel Material dazu geben.

(2) **Texttheater zum Thema:** *Geldanlage und Finanzmarkt*
Gerade die aktuelle Diskussion über Aktienboom und Börsencrash, Sinn und Unsinn von Lebensversicherungen, Angst um Renten usw. dürfte genügend interessante und geeignete Textvorlagen bieten.

(3) Texttheater zum Thema: *Die aktuelle Arbeitsmarktsituation*

Texte über dieses Thema bieten aufgrund ihrer Vielseitigkeit und Lebensnähe für die Schüler/-innen viele Anhaltspunkte, die sie mit ihren eigenen Interessen und Haltungen gut vergleichen können.

Didaktische Erläuterung:

Diese ursprünglich von AUGUSTO BOAL entwickelte Inszenierungsform ist eine spannende und sehr ungewöhnliche Einstiegsmethode, die vor allem für Themen geeignet ist, bei denen die Erfahrungen, Haltungen und Interessen der Lernenden angesprochen werden. Findet sich eine geeignete Textvorlage, können aber durchaus auch eher „trockene" Themen spannend inszeniert und deren Objektivität kritisch hinterfragt werden. Sowohl die Schüler/-innen als auch die Lehrkräfte sollten bereits erste szenische Erfahrungen im Unterricht gemacht haben, ansonsten könnten sie durch die-se Methode leicht überfordert werden. Auf jeden Fall sollte gleichzeitig mit Austeilung des Textes ein Arbeitsblatt mit ausführlichen Hinweisen zur Gestaltung eines Texttheaters verteilt werden, um eine bewusstere Einübung dieser Methode zu ermöglichen und die Fantasie der Schüler/-innen anzuregen. Wichtig ist vor allem die Auswahl eines geeigneten Textes. Er sollte nicht zu schwierig sein und auch nicht zu trocken. Fachbuchtexte eignen sich daher in der Regel weniger, die besten Vorlagen sind relativ kurze und prägnante Texte, die zum Nachdenken anregen oder kontroverse Positionen beinhalten. Dabei kann es sich sowohl um Zeitungsartikel (seriös oder Regenbogenpresse), Kommentare, Essays, Glossen, Satiren oder Ähnliches handeln. Die Palette der möglichen Textvorlagen ist sehr reichhaltig.

Bei der Inszenierung sollte den Schüler/-innen möglichst völlige Freiheit gewährt werden. Eventuell können auch zusätzliche Requisiten bereitgestellt werden. Die anschließende Aufführung der einzelnen Gruppen ist für alle Beteiligten spannend, vor allem wenn jede Gruppe die gleiche Textvorlage erhalten hat (es können auch zwei oder mehrere unterschiedliche Texte verteilt werden). Das Texttheater ermöglicht auf diese Weise einen sehr sinnlichen Einstieg in einen Themenbereich und macht die subjektiven Haltungen der einzelnen Schüler/-innen für alle Beteiligten offensichtlich. Auf der Grundlage dieser Inszenierungen kann dann die weitere Themenerarbeitung aufgebaut werden.

Da diese Einstiegsform so ungewöhnlich ist, empfiehlt es sich, weiterführende Literatur dazu zu lesen, um einen genaueren Einblick in Funktion und Ziele des Texttheaters zu erhalten.

Materialien:

ein oder mehrere geeignete Texte, Arbeitsblätter mit Hinweisen zum Texttheater, evtl. Requisiten

Zeitaufwand:

ca. 2 Unterrichtsstunden

Literaturhinweis:

Greving/Paradies (1996), S. 116 ff.; zur Einführung ins Texttheater: Boal (1979)

2.1.10 Thematische Fantasiereise

Affektive Themeneinstimmung fördern; körperliche Entspannung der Schüler/-innen ermöglichen; Fantasie und Einbildungskraft wecken.

Ablauf:

Die Schüler/-innen sollen eine möglichst entspannte Sitzposition einnehmen und die Augen schließen. Nachdem das geschehen ist und Ruhe im Klassenraum herrscht, beginnt die Lehrkraft mit gleichmäßig ruhiger und wenig modulierender Stimme die vorbereitete Fantasiereise zum neuen Unterrichtsthema zu erzählen. Am Ende dieser Reise sollen die Lernenden dann langsam wieder in die Wirklichkeit zurückkehren. Anschließend kann über Fantasien, Assoziationen und Gefühle gesprochen werden, bevor tiefer in das neue Thema eingestiegen wird.

Beispiele:

(1) Fantasiereise zum Thema: *Bewerbung*

„Schließe deine Augen, atme tief ein und aus... Konzentriere dich nur auf deinen Atem... tief ein und aus... Deine Arme und Beine sind locker, du bist ganz entspannt... atme ein – aus... Stell dir jetzt vor, du sitzt auf einem Ledersessel in einer kleinen Vorhalle. Neben dir sitzen noch zwei andere Leute, eine junge Frau und ein junger Mann. Sie scheinen sehr nervös zu sein. Du selber bist noch ganz ruhig, obwohl dein Vorstellungsgespräch in 5 Minuten beginnen soll. Du schaust dich in der ruhigen Halle um... In der Mitte stehen zwei Steinsäulen. Daneben rechts und links je ein großer Steinkübel mit grünem, üppigem Farn. An den Wänden sind Bilder des Unternehmens dargestellt. Sie zeigen die Außenansicht, wichtige Personen und Produkte dieser Firma... Du schaust zu der großen Eingangstür. Es ist eine Drehtür, dahinter hörst du leise den Lärm der großen Straße, die vorbeiführt. Du siehst wieder deine Mitbewerber an, überlegst dir, ob sie vielleicht bessere Chancen haben als du. In diesem Moment geht die große, dunkle Holztür gegenüber auf. Es werden Stimmen in der Stille laut. Der letzte Bewerber vor dir wird gerade verabschiedet. Seine Stimme klingt sehr zuversichtlich – hat er bereits eine Zusage erhalten? Du fragst dich, wie du dich gleich verhalten sollst. Was sollst du sagen, wie sollst du sitzen, was für Fragen kannst du stellen? Langsam werden deine Handflächen feucht und dein Mund trocken. Dir scheint, als würdest du kein Wort mehr herausbringen können... Da passiert es auch schon – dein Name wird aufgerufen. Die Stimme klingt höflich, aber bestimmt. Du erhebst dich mit zitternden Knien und denkst dir – ruhig bleiben, nur ruhig bleiben, mir wird schon nicht der Kopf abgerissen werden. Du gehst auf den Mann zu, streckst ihm deine kalte Hand entgegen und stellst dich vor. Er schaut dir interessiert in die Augen, stellt sich ebenfalls vor und bittet dich in sein Büro. Jetzt ist es so weit, denkst du – und gehst mit ihm hinein...

Lass jetzt deine Vorstellungen langsam verblassen... Atme mehrmals tief ein und aus, spüre deine Sitzhaltung und horche auf die Geräusche aus der Umgebung. Öffne nun langsam deine Augen und sieh dich um. Recke und strecke deine Arme und Beine. Du bist wieder im Klassenraum, fühlst dich ruhig und entspannt."

(2) Fantasiereise zum Thema: *Kundenberatung*

„Setz dich ganz locker und entspannt hin. Dein Atem kann gleichmäßig durch deinen Körper fließen... ein und aus, ganz gleichmäßig... ein... aus... ein... aus... Dein Kopf wird leicht, deine Gedanken gehen auf Reisen... Dein Atem fließt... ganz ruhig und gleichmäßig... Stell dir jetzt vor, du stehst in einem kleinen Bekleidungsgeschäft. Es ist Vormittag und du siehst durch die großen Schaufenster, dass draußen die Sonne scheint... Es gehen viele Leute an dem Laden vorbei, alte, junge, elegant gekleidete und welche mit Turnschuhen. Du hörst das Menschengemurmel und die Geräusche der Einkaufsstraße... Irgendwo spielt jemand auf einer Geige... Im Laden schauen sich nur wenige Leute um. Meist sind es ältere Damen... Bislang wollte noch niemand von dir beraten werden... Du schaust verträumt durch das Schaufenster... Plötzlich spricht dich eine brüchig klingende Stimme an... Entschuldigen Sie, könnten Sie mir vielleicht helfen? ... Du drehst dich um, ein höfliches Lächeln auf den Lippen... Es ist eine alte Dame, ihre grauen Haare sind ordentlich frisiert und sie trägt einen beigefarbenen Mantel... Vor sich hält sie ein Sommerkleid, grell geblümt und in auffällig leuchtenden Farben... Du persönlich findest es scheußlich, es sieht aus wie eine Kittelschürze, obwohl es eines der teuersten Kleider hier im Geschäft ist... Sie fragt dich, ob es auch in Größe 48 da wäre? Es sei so ein schönes Kleid, genau so eines habe sie schon als junge Frau getragen... Genau so sieht es auch aus, denkst du... völlig altmodisch und unmodern.... Du überlegst, was du tun sollst... Versuchst du, ihr vorsichtig beizubringen, dass dieses Kleid einfach nur schrecklich ist? Sie macht sich doch zum Gespött der Leute mit so einem Kleid... Aber wie kannst du ihr das höflich klarmachen, da sie anscheinend so begeistert davon ist... Andererseits – der Preis ist so hoch, da würde sich die Kasse sicherlich freuen, zumal heute sowieso nichts los ist... Was sollst du nur tun?... Langsam verschwimmt das Geschäft vor deinen Augen, die Geräusche der Einkaufsstraße werden leiser, du nimmst wieder die Geräusche im Klassenzimmer wahr.... Öffne nun langsam deine Augen, kehre wieder zurück... Recke und strecke dich... Du fühlst dich frisch und erholt."

Didaktische Erläuterung:

Thematische Fantasiereisen sind eine sehr ungewöhnliche Einstiegsmethode, die aber gerade in Zeiten der allgemeinen Hektik und des Stresses einen großen Reiz ausüben können. Die Schüler/-innen sollen sich dabei sowohl körperlich entspannen als auch emotional auf das folgende Unterrichtsthema einstimmen. Allerdings treten bei sehr unruhigen, disziplinlosen Schüler/-innen leicht Probleme hinsichtlich der Durchführung auf, da die ganze Klasse durch einen einzigen Störenfried abgelenkt werden kann. Aus diesem Grunde sollten die Schüler/-innen auch vorher in einem Gespräch mit den Vorteilen dieser Methode bekannt gemacht werden, bevor sie in die Praxis umgesetzt wird. Es kann auch hilfreich sein, leise meditative Musik einzusetzen, um Ruhe und Entspannung zu fördern. Falls die Fantasiereise beim ersten Mal nicht zufriedenstellend durchgeführt werden kann, weil einige Schüler/-innen sie nicht ernst nehmen oder sich zu unsicher dabei fühlen, sollte man trotzdem nicht gleich aufgeben, sondern es mehrmals probieren, denn oft finden die Lernenden erst allmählich Gefallen daran. Geeignet ist die Fantasiereise als Einstiegsmethode vor allem bei Themen, von denen die Schüler/-innen aufgrund ihrer Lebens- oder Ausbildungssituation direkt betroffen sind. Mit viel Kreativität können aber auch eher „trockene" Stoffgebiete in eine Fantasiereise eingebaut werden. Bei der Gestaltung der Reise ist generell darauf zu achten, sie möglichst aus persönlicher Sicht zu schildern, weil dadurch das Einfühlungsvermögen der Schüler/-innen deutlich erhöht wird. Außerdem bietet sich an, sie mit einem offenen Schluss möglichst mit einer direkten Problemstellung enden zu lassen, sodass man anschließend gemeinsam im Plenum oder in Gruppenarbeit über sinnvolle Verhaltensweisen, Konfliktlösungsmöglichkeiten etc. sprechen kann.

Materialien:

vorbereitete Fantasiereise, evtl. Kassettenrecorder/CD-Spieler mit meditativer Musik

Zeitaufwand:

ca. 15 Minuten

Literaturhinweis:

Rabenstein/Reichel/Thanhoffer (1996), S. 88 f.

2.1.12 Bild-Gedanken

Einfühlungsvermögen der Schüler/-innen erhöhen; Kreativität fördern; affektive Themeneinstimmung ermöglichen

Ablauf:

Zum neuen Unterrichtsthema wird ein Bild ausgewählt, auf dem eine oder mehrere Personen in kennzeichnender Pose oder einer speziellen, zum Thema passenden Situation abgebildet sind. Die Schüler/-innen erhalten nun dieses Bild und dazu den Auftrag, in Partnerarbeit den dargestellten Personen mögliche Gedanken oder Handlungsvorstellungen zu unterlegen, die sie in dieser Situation gerade haben mögen.

Diese Gedanken sollen möglichst spontan formuliert werden, es zählt nicht der exakte Wortlaut, sondern der Inhalt der Gedanken und der ersten Assoziationen.

Insgesamt stehen den Lernenden dafür etwa 5 Minuten zur Verfügung.

Anschließend soll jedes Paar einige seiner Assoziationen vorstellen, damit dann über die unterschiedlichen Varianten gemeinsam gesprochen werden kann.

Beispiele:

(1) Bild-Gedanken zum Thema: *Überschuldung privater Haushalte*

(2) Bild-Gedanken zum Thema: *Verbraucherschutz*

(3) Bild-Gedanken zum Thema: *Vertragsabschlüsse*

(4) Bild-Gedanken zum Thema: *Personalführung*

Didaktische Erläuterung:

Diese Form des thematischen Einstiegs ermöglicht den Schüler/-innen, sich in andere Personen einzufühlen und damit eine erste affektive Haltung zu den folgenden Unterrichtsinhalten zu entwickeln. Außerdem wird die Kreativität der Lernenden durch diese Vorgehensweise enorm gefördert. Wichtig ist, ein möglichst zentrales und kennzeichnendes Bild für das betreffende Unterrichtsthema zu finden. Gerade in den letzten Jahren sind aber so viele verschiedene Wirtschaftszeitungen auf den Markt gekommen, dass sich darin sicherlich zu den meisten Themen geeignete Bilder finden lassen. Ansonsten kann man auch Collagen erstellen oder Fotos als Grundlage nehmen. Gut geeignet sind auch Karikaturen, bei denen man eventuell den Text entfernen sollte. Der Fantasie seien hier keine Grenzen gesetzt.

Eine Variante besteht darin, dass sich die Lernenden in Gruppen zu dem vorgegebenen Thema selbst passende Bilder aus mitgebrachten Materialen heraussuchen bzw. Collagen daraus erstellen und diese Materialen dann innerhalb der Klasse austauschen, bevor die jeweiligen Bildgedanken unterlegt werden.

Materialien:

Vorbereiteter Arbeitsbogen mit einem oder mehreren geeigneten Bildern, auf denen jeweils mindestens eine Person abgebildet ist, der man Gedanken bzw. Handlungsvorstellungen unterlegen kann oder geeignetes Zeitschriftenmaterial, aus denen sich die Schüler/-innen selber die Bilder heraussuchen sollen.

Zeitaufwand:

– ca. 15 Minuten (bei vorbereiteten Bildern)
– ca. 45 Minuten (bei eigener Bildsuche durch die Schüler/-innen)

2.1.13 Dialog-Meditation

Erste thematische Informationsvermittlung; Aufnahme- und Merkfähigkeit erhöhen; Entspannung der Schüler/-innen fördern; Kreativitätspotenziale der Lernenden erhöhen.

Der einführende Lernstoff für das neue Unterrichtsthema wird vom Lehrenden in Dialogform vorbereitet. Nachdem der Klasse kurz mitgeteilt worden ist, worum es in den kommenden Stunden geht, sollen die Schüler/-innen ihre Augen schließen und eine entspannte Sitzposition einnehmen. Dabei spielt im Hintergrund idealerweise leise eine instrumentale, wohlklingende Musik. Nun trägt die Lehrkraft den Dialogtext mit ruhiger und deutlicher Stimme vor. Die Schüler/-innen sollen nur lauschen, ansonsten aber ihre entspannte Haltung beibehalten.

Nach dem ersten Lesen öffnen alle wieder ihre Augen und der Dialogtext wird an die Schüler/-innen ausgeteilt. Die Lehrkraft liest den Text jetzt noch ein zweites Mal vor und die Schüler/-innen sollen diesmal mitlesen. Dabei läuft die Entspannungsmusik weiterhin leise im Hintergrund.

Nachdem der einführende Lernstoff auf diese Weise zweimal gehört worden ist, werden zunächst offene Fragen geklärt. Anschließend sollten die im Dialog „verpackten" Inhalte systematisiert und weiter vertieft werden.

---

(1) Dialog-Meditation zum Thema: *Abschreibungsarten*

(Vater = V und Sohn = S)

S: Ich habe neulich den Begriff „Abschreibungen" im Zusammenhang mit dem Rechnungswesen gehört, kannst du mir erklären, was das ist?

V: Aber sicher – das ist ja auch 'ne wichtige Sache, dabei kann es um viel Geld gehen. Also, verkürzt gesagt geht es um den „Wertverlust von Anlagegütern".

S: Anlagegüter? Was gehört denn alles dazu?

V: Das sind Gegenstände, die dem Geschäftsbetrieb über längere Zeit dienen, vor allem Maschinen und der Fuhrpark.

S: Aha, die werden also nicht gleich weiterverkauft, sondern bleiben im Betrieb, schon klar! Und wieso verlieren die an Wert?

V: Also gut, nehmen wir mal an, Du kaufst Dir ein neues Auto, schonst und pflegst es gut, sodass nie was kaputt geht. Dennoch willst Du Dir nach 5 Jahren ein neues

---

Auto kaufen, weil ein anderes Modell eine wesentlich bessere Sicherheitsausstattung hat. Was denkst Du, bekommst Du dann noch für Dein gebrauchtes Auto?

S: Hm, bestimmt wesentlich weniger als vor 5 Jahren...

V: Siehst Du, obwohl noch alles einwandfrei funktioniert. Aber hier ist Dein Wagen einfach vom technischen Fortschritt überrollt worden und deshalb nicht mehr so viel wert wie vor 5 Jahren. Außerdem bist Du natürlich auch damit gefahren, sodass ein gewisser Abnutzungsgrad durch den Gebrauch aufgetreten ist. Auch wenn jetzt noch alles funktioniert, muss man damit rechnen, dass es demnächst zu einigen Reparaturen kommen wird. Zusätzlich müssen dann wahrscheinlich irgendwelche Teile ausgetauscht werden, weil diese durch natürlichen Verschleiß nach einiger Zeit einfach schlechter werden. Egal, ob Du Dein Auto fährst oder es nur in der Garage steht – es altert.

S: O.k., das verstehe ich. Mein Auto ist dann einfach aus den genannten Gründen weniger wert als vorher. Dann kann ich also pro Jahr, das ich es fahre, einen bestimmten Geldbetrag abziehen und komme so auf die Summe, die es dann noch wert ist, oder?

V: Das wäre *eine* Art, den Wertverlust zu berechnen – man nennt das lineare Abschreibung, weil Du immer den gleichen Geldbetrag als Wertverlust abziehst.

S: Aber woher weiß ich, was für einen Betrag ich nehmen soll?

V: Das errechnest Du, indem Du Deine Anschaffungskosten durch die Anzahl Jahre der geschätzten Nutzungsdauer teilst. Ein einfaches Beispiel: Du kaufst Dir einen Wagen für 20.000 Euro und schätzt, ihn 10 Jahre fahren zu können. Dann teilst Du also die 20.000 Euro durch diese 10 Jahre und hast so pro Jahr einen Wertverlust von 2.000 Euro.

S: Ach, das ist ja einfach...

V: Ja, aber das ist nur die eine Abschreibungsart, es gibt noch andere. Soll ich Dir eine davon ganz kurz erklären?

S: Na, wenn wir schon mal dabei sind...

V: Diese Abschreibungsart nimmt es ganz genau. Man nennt sie Abschreibung nach Leistungseinheiten oder auch variable Abschreibung, weil bei der Wertminderung exakt berechnet wird, wie viel Du gefahren bist.

S: Ist ja auch ganz sinnvoll, denn es macht schon einen Unterschied, ob ich ein Auto mit 50.000 km wieder verkaufen will oder eines mit 120.000 km. Das will dann wahrscheinlich keiner mehr haben...

V: Genau, und deshalb schätzt man zur Berechnung, wie viele km dieses Auto wohl fahren kann und teilt diese Zahl dann durch die Anschaffungskosten. Nimm Dein Auto für 20.000 Euro als Beispiel. Du schätzt, es 150.000 km fahren zu können. 20.000 geteilt durch 150.000 ergibt 13,33 Cent. Das ist nun der Betrag pro Leistungseinheit, den Du abschreiben musst.

4 Brecker, Bausteine – ISBN 978-3-8120-0394-0

S: Ok, das habe ich verstanden!

V: Na siehst Du, ist doch gar nicht so schwierig, oder?

(2) Dialog-Meditation zum Thema: *Preisnachlässe*
(V = Vorgesetzte, A = Auszubildender)

A: Frau Meyer, darf ich Sie mal etwas fragen?

V: Aber sicher Herr Kramer, was gibt's denn?

A: Gerade hatte ich einen Kunden am Telefon, der wissen wollte, ob wir auch irgendwelche Preisnachlässe gewähren. Leider konnte ich ihm darüber keine Auskunft geben, denn ich weiß nicht genau, was man darunter verstehen kann.

V: Gut, dann erkläre ich es Ihnen, denn es ist natürlich wichtig, dass Sie im Interesse unserer Kunden darüber Bescheid wissen. Sicherlich kennen Sie auch bereits einige Begriffe: Zum Beispiel den Rabatt.

A: Doch, Rabatt kenne ich natürlich – da muss man weniger zahlen als den ursprünglichen Preis.

V: Ja, im Großen und Ganzen ist das richtig. Wissen Sie auch, weshalb?

A: Hm, ich glaube, wenn man zum Beispiel große Mengen auf einmal kauft, kann man den Preis ein wenig drücken, oder?

V: Stimmt, das nennt man dann Mengenrabatt. Bei uns ist es allerdings so, dass wir feste Rabattvorgaben haben. D. h., wenn jemand gleich 1 Palette unserer Energieriegel kauft, erhält er 5 % Rabatt vom Gesamtpreis, wenn er mindestens 2 kauft bereits 10 %. Das soll ein Anreiz für den Käufer sein, möglichst große Mengen abzunehmen.

A: Und wir verdienen auch gut dabei, da wir viel auf einmal verkaufen!

V: Richtig – also für beide Seiten ein lohnendes Geschäft. Das ist aber nur eine Rabattart, eine andere sehr bekannte ist der so genannte Treuerabatt. Können Sie sich darunter etwas vorstellen?

A: Klingt so, als ob da jemand belohnt wird, der häufig bei uns kauft.

V: Ist auch so – bei uns im Hause gilt beispielsweise die Regelung, dass ein Käufer bei mindestens 10 Großbestellungen in einem Jahr die 11. Bestellung zum halben Preis bekommt. Also ein Treuerabatt von 50 % für eine Lieferung.

A: Das ist großzügig....

V: Hilft aber, den Kunden langfristig an uns zu binden und unsere Umsätze zu sichern.

A: Ich sehe schon, das mit den Rabatten muss ich mir merken!

V: Diese beiden Rabattarten sind zumindest die wichtigsten. Ach nein, einer ist für Sie selber auch noch wichtig – unser Personalrabatt: Alle unsere Angestellten erhalten unsere Produkte zum Einkaufspreis, das wissen Sie sicherlich schon, oder?

A: Ja, stimmt, aber als Rabatt hatte ich es noch nie gesehen...

V: Sehen Sie, ist es aber. Und einen anderen Preisnachlass kennen Sie bestimmt auch – der dürfte Ihnen in unserer Rechnungsstellung schon aufgefallen sein. Es hat etwas mit dem Zeitpunkt der Zahlung zu tun...

A: Hm, irgendetwas war da... Ja, doch – wenn jemand möglichst früh seine Rechnungen bei uns begleicht, dann muss er, glaube ich, 3 % weniger bezahlen, oder?

V: Gut behalten Herr Kramer – das nennt man dann Skonto und entspricht einem Barzahlungsrabatt. Warum macht man das wohl?

A: Na damit die Leute gleich bezahlen und man dem Geld nicht lange hinterher laufen muss...

V: Richtig, und wir können dann bereits mit dem Geld weiterarbeiten und ersparen uns viel Mühe und Zeit, die man vielleicht für Mahnungen etc. aufwenden müsste. Dafür ist so ein kleiner Preisnachlass als Anreiz doch sehr lohnend für beide Seiten.

A: Gut, also verschiedene Rabatte und Skonto gewähren wir als Preisnachlässe. Das werde ich mir merken!

Didaktische Erläuterung:

Die Dialog-Meditation ist angelehnt an Methoden der Suggestopädie, die eine interessante Alternative zum eher „verkopften" Unterricht darstellen. Durch die entspannte Lernatmosphäre, die durch bestimmte Musikstücke unterstützt wird, können gemäß der suggestopädischen Theorie die linke – rational arbeitende – und die rechte, gefühlsbetonte Gehirnhälfte vernetzt werden, wodurch die Lerneffektivität wesentlich erhöht werden kann. Wichtig beim Einsatz dieses Verfahrens in der Schule ist, dass der Klassenraum möglichst lärmgeschützt ist, um Störungen von außerhalb zu vermeiden. Außerdem muss die Musik sorgfältig ausgewählt werden, um eine optimale Entspannung der Schüler/-innen zu gewährleisten.

Geeignet sind beispielsweise instrumentale Musikstücke der Klassik und des Barock, aber auch zeitgenössische Entspannungs- und Meditationsmusik kann gut verwendet werden. Um die Akzeptanz dieser doch recht ungewöhnlichen Methode zu steigern, sollte man den Schüler/-innen im Vorfeld kurz erklären, warum man mit diesem Verfahren arbeiten möchte und welche Vorteile es bietet. Im Allgemeinen werden suggestopädische Lehr-Lern-Methoden jedoch von den meisten Lernenden sehr positiv angenommen.

Im kaufmännischen Unterricht bietet sich diese Methode sowohl zum Themeneinstieg als auch zur Stoffvermittlung an, vor allem bei Themenbereichen, die von speziellem Faktenwissen geprägt sind, das sich gut in einen Dialog einbauen lässt. Ein Dialog ist deshalb so gut als Textvorlage geeignet, weil er die Vorstellungskraft der Schüler/-innen stärker anspricht als ein reiner Fachtext und weil thematische Fragen und Erklärungen gut darin „verpackt" werden können, was die Strukturierung des Lernstoffs und die Behaltensleistung fördert.

Es sollten allerdings noch nicht gleich sämtliche Informationen zu dem Thema im Dialog verarbeitet werden. Das wäre zu viel auf einmal und würde die Schüler/-innen eher verwirren als ihnen helfen. Die Details, Ausnahmen und Sonstiges sollten deshalb lieber in der anschließenden Vertiefungsphase besprochen werden.

Materialien:

vorbereiteter Dialog, CD-Spieler/Kasettenrecorder, Entspannungsmusik

Zeitaufwand:

ca. 20 Minuten

Literaturhinweis:

Zur Einführung in die Methode der Suggestopädie eignet sich sehr gut Castner/Koch (1996)

2.1.14 Thesentafel

Förderung der Meinungsbildung und Schüler/-innenhaltung zum Unterrichtsthema; Diskussionsbereitschaft erhöhen; Übung von Argumentationstechniken

Ablauf:

Zu Beginn einer neuen Unterrichtseinheit werden von der Lehrkraft ca. 6–10 Thesen zu dem neuen Thema vorbereitet und auf große Pappkarten geschrieben. Die Schüler/-innen sollen sich in entsprechender Gruppenzahl zusammensetzen und jede Gruppe erhält eine der Thesen. Nach einer kurzen internen Diskussion darüber kommt nun jeweils ein Gruppenmitglied nach vorne und heftet die Pappkarte mit der These an die Tafel oder Pinnwand unter einer der beiden vorgegebenen Rubriken „stimmen zu" oder „stimmen nicht zu". Die Wahl der entsprechenden Rubrik sollte dabei von den Schüler/-innen begründet werden.

Wenn alle Gruppen ihre Thesen auf diese Weise zugeordnet haben, kann die Thesentafel gut als weitere Diskussionsgrundlage im Plenum und zum tieferen thematischen Einstieg dienen.

Beispiele:

(1) Thesen-Tafel zum Thema: *Unternehmensgründung*
Mögliche Thesen: „Mit einer guten Geschäftsidee läuft das Unternehmen von selbst."
„Es ist leichter ein Unternehmen allein zu führen, als mit Mehreren." „In Deutschland ist es schwierig, ein Unternehmen zu gründen." etc.

(2) Thesen-Tafel zum Thema: *Produktionswirtschaft*
Mögliche Thesen: „Je mehr Produkte ein Unternehmen herstellt, desto besser." „Massenfertigung ist die beste Produktionsform für ein Unternehmen." „Rentabilität und Wirtschaftlichkeit sind für ein Unternehmen wichtiger als Arbeitszufriedenheit." etc.

(3) Thesen-Tafel zum Thema: *Bewerbung*
Mögliche Thesen: „Je origineller eine Bewerbung gestaltet ist, desto besser die Chancen." „Beim Bewerbungsgespräch sollte man sich ganz natürlich geben." „Man sollte schlechte Zeugnisse weglassen." etc.

Didaktische Erläuterung:

Diese Methode bietet eine gute Möglichkeit, die ganze Bandbreite des neuen Unterrichtsthemas in möglichst kurzen, prägnanten und evtl. auch provokativen Thesen zusammenzufassen und kritisch zu hinterfragen. Die Schüler/-innen sind dadurch gefordert, sich mit den Inhalten selber auseinanderzusetzen und sich ihre eigene Meinung zu bilden. Bereits vorhandenes Fachwissen kann dabei gut eingesetzt werden, um Thesen zu bestätigen oder zu widerlegen, weshalb sich diese Methode auch für die Ergebnissicherung oder Wiederholung von Inhalten sehr gut eignet.

Materialien:

Thesenkarten, Kreppband/Stecknadeln, Tafel/Pinwand

Zeitaufwand:

ca. 30 Minuten

2.1.15 Fragen an den Unterrichtsgegenstand

Zielsetzung:

Kreativität fördern; Schüler/-inneninteressen berücksichtigen; selbstständige Themen-erarbeitung ermöglichen; Kooperationsfähigkeit erhöhen; Kommunikationsfähigkeit trainieren; Präsentationstechniken üben; didaktische Fähigkeiten entwickeln.

Ablauf:

Die Schüler/-innen sollen sich in Partnerarbeit mögliche Fragen überlegen, die sie an den neuen, von der Lehrkraft kurz vorgestellten Unterrichtsgegenstand haben und die-se auf große Pappkarten schreiben. Dabei kann man entweder vorgeben, dass die Fra-gen rein sachlich sein sollen oder dass die Schüler/-innen sie in personifizierter Form stellen können. Anschließend werden diese Fragen an der Tafel oder an einer Pinwand veröffentlicht, dann gemeinsam besprochen bzw. gegebenenfalls erklärt und nach Fra-genkategorien strukturiert.

Dann sollen sich die Schüler/-innen wiederum partnerweise jeweils eine bestimmte Zahl bzw. Kategorie von Fragen aussuchen (abhängig von der Gesamtmenge der vor-handenen Fragen), die sie im weiteren Verlauf der Stunde(n) selbstständig zu klären versuchen und abschließend den anderen präsentieren. Falls notwendig, kann im An-schluss daran noch eine weitere Vertiefungs- oder Erarbeitungsphase erfolgen, in der die Ergebnisse systematisiert, weiterführende Aspekte besprochen werden etc.

Beispiele:

---

(1) **Fragen an den Unterrichtsgegenstand:** *Die Aktie*

*Mögliche **sachliche** Fragen: Woher kommt der Begriff „Aktie"? Welche Aktienarten gibt es? Wo bekomme ich Aktien? Wie verkaufe ich Aktien? Woran erkennt man gute und schlechte Aktien? Wozu gibt es Aktien? Wo werden Aktien aufbewahrt? Woher bekom-me ich Aktientipps? etc.*

(2) **Fragen an den Unterrichtsgegenstand:** *Das Internet*

*Mögliche **personifizierte** Fragen: Was bist Du? Wie bist Du entstanden? Seit wann gibt es Dich? Wie viele Leute nutzen Dich? Wozu wirst Du am häufigsten benutzt? Wie funktionierst Du? Welche Gefahren birgst Du? etc.*

(3) **Fragen an den Unterrichtsgegenstand:** *Die Bilanz*

*Mögliche **personifizierte** Fragen: Was bist Du? Wie bist Du entstanden? Seit wann gibt es Dich? Wer braucht Dich? Wie siehst Du aus? Welche Vorteile bietest Du? Welche Vorschriften gibt es für Dich? etc.*

„Fragen an den Unterrichtsgegenstand" ist eine relativ komplexe Einstiegsform, an die sich bereits unmittelbar die Erarbeitungsphase anschließt. Ungewöhnlich ist bei diesem Vorgehen, dass es quasi in Umkehrung des klassischen frontal entwickelnden Unterrichts erfolgt, bei dem die Lehrkraft die Fragen stellt und die Schüler/-innen antworten sollen. Indem man jedoch nun den Schüler/-innen überlässt, die Fragen an den Unterrichtsgegenstand zu stellen, können völlig neue Aspekte und Perspektiven auftreten, die ansonsten unberücksichtigt bleiben würden. Oft zeigt es sich, dass die Lernenden einen ganz anderen Blickwinkel haben als die Lehrkräfte und deshalb auch Fragen auftreten können, die von der rein inhaltlichen und fachlichen Seite stark abweichen und auf den ersten Blick gar nicht oder nur schwer zu beantworten sind. Gerade diese Unsicherheit kann jedoch sehr spannend und auch lehrreich sein. Es müssen auch nicht alle Fragen beantwortbar sein, sie fördern jedoch den gegenseitigen Austausch über das Unterrichtsthema und ermöglichen dadurch vielleicht eine neue Herangehensweise an den Lernstoff.

Es kann möglich sein, dass die Schüler/-innen bei den ersten Einsätzen dieses Verfahrens noch sehr unsicher bezüglich der Fragestellungen sind und vielleicht nur wenige Fragen zusammenkommen. Deshalb ist es wichtig, im Vorfeld deutlich zu machen, dass der Kreativität keine Grenzen gesetzt werden: Es können sowohl rein fachliche Fragen gestellt werden als auch affektive oder „persönliche" Fragen, wie im ersten Beispiel für den Unterrichtsgegenstand „Aktie". In der Regel ist den ersten Impulsen zu folgen, weshalb die Zeit für die Fragesammelrunde auch relativ knapp gehalten werden sollte.

Bei sehr komplexen und für die Schüler/-innen noch relativ unbekannten Themengebieten kann es sinnvoll sein, dass der Lehrende der Klasse im Vorfeld einen kurzen Text zum Thema gibt, der bereits wesentliche Inhalte kurz anspricht und den Lernenden somit bereits erste konkrete Anhaltspunkte für ihre Fragen bietet.

Die anschließende gemeinsame Besprechung und Strukturierung der Fragen ermöglicht einen allgemeinen Überblick über das Fragenmaterial und zeigt die Richtung auf, in die die Fragen tendieren. Je nach Umfang der gesammelten Fragen sollte den Schüler/-innen dann eventuell mehrere Unterrichtsstunden Zeit gegeben werden, die Fragen in Partnerarbeit zu beantworten. Nach der abschließenden Präsentationsrunde ist es sinnvoll, alle Fragen und Antworten zu systematisieren bzw. für alle Schüler/-innen auf einer Wandzeitung, einem Informationsblatt etc. zu veröffentlichen, um einen Überblick über das gesamte Thema zu gewährleisten. Eventuell kann die Lehrkraft darauf dann noch fehlende Ergänzungen vornehmen. Je nachdem wie ausführlich die verschiedenen Fragen das Unterrichtsthema bereits behandelt haben, kann im Anschluss daran eine weitere Vertiefungsphase folgen.

Geeignet ist dieses Verfahren vor allem für Themenbereiche, die durch einen konkret vorstellbaren personifizierbaren „Gegenstand" – wie in den genannten Beispielen – gekennzeichnet sind. Es fällt den Schüler/-innen dann leichter, Fragen zu stellen, als wenn es sich um eine sehr abstrakte Sache handelt.

Materialien:

Pappkarten, Tafel/Pinwand, Kreppband/Stecknadeln, dicke Stifte, evtl. Plakate

Zeitaufwand:

ca. 4 Unterrichtsstunden (inkl. Bearbeitung der Fragen)

2.1.16 Personalisierte Ausgangssituationen

Aufmerksamkeit und Interesse für das Unterrichtsthema wecken; Problembewusstsein schärfen; Schüler/-innen aktiv in das Thema einbinden; Klassengemeinschaft fördern.

Ablauf:

Als Einstieg in ein neues Thema überlegt sich die Lehrkraft im Vorfeld passende Situationen, in denen mehrere Schüler/-innen aus der Klasse eine Rolle spielen. Anschließend werden diese Ausgangssituationen am Overheadprojektor aufgelegt und vorgelesen. Dazu wird eine Leitfrage gestellt, welche die Schüler/-innen anhand der Situationen beantworten sollen. Anschließend werden die auf diese Weise im Überblick herausgearbeiteten Begriffe im Unterricht vertieft und systematisiert.

Beispiele:

(1) Personalisierte Ausgangssituationen zum Thema *Rechtsobjekte*

> *Leitfrage:* Um welche **unterschiedlichen Rechte bzw.**
> **Rechtsobjekte** geht es jeweils?

- Moritz verleiht seine neueste „Mark Medlock"-CD an Lara.
  Lösung: *Sache, beweglich, vertretbar*

- Laras Eltern verkaufen einen geerbten Schweinestall in Passau.
  Lösung: *Sache, unbeweglich, nicht vertretbar*

- Natalies Buntwangenschildkröte hat Nachwuchs bekommen. Sie verschenkt eine an ihre Freundin Andrea.
  Lösung: *Tiere, für sie gelten die Vorschriften für Sachen*

- Mandy macht beim Casting zu „Bayern sucht die Rockröhre" mit. Eine Mitkonkurrentin ist neidisch auf ihre tolle Stimme und schlägt ihr nach dem Auftritt einen Zahn aus. Daraufhin zeigt Mandy, die nur noch lispeln kann, die zickige Furie an.
  Lösung: *Recht auf körperliche Unversehrtheit*

- Basti hat keine Lust mehr auf sportliche Aktivitäten und will sich lieber musischen Hobbys widmen. Er schreibt den Song „Schau mir in die blauen Augen, Kleines", den er begeistert in der Klasse vorsingt. Melanie nimmt den Song heimlich auf

und verkauft ihn dem Musikproduzenten Rudi Riecher. Dieser bringt kurz darauf den Song als Single auf den Musikmarkt – gesungen von Alexander, dem (beinahe arbeitslosen) „Ex-Superstar". Basti hört den Song im Radio und fällt fast vom Sofa, denn ER hat ihn doch geschrieben...
Lösung: *Urheberrecht*

- Sandra und Daniel müssen seit Ausbildungsbeginn ständig Telefondienst machen, Yogi-Tee kochen, Schuhe putzen, Toiletten reinigen, Staub wischen, dem Chef den Nacken massieren, etc. Beide sind sich nicht sicher, ob das so rechtens ist.
Lösung*: Rechte aus dem Ausbildungsvertrag*

(2) Personalisierte Ausgangssituationen zum Thema „*Arten von Rechtsgeschäften*"

Leitfrage: In welchem Moment sind folgende **Rechtsgeschäfte** wirksam?

- Esther ist momentan knapp bei Kasse und will sich etwas Geld dazuverdienen. Da sie selbst einen Sohn hat, fragt sie Frau Brecker *[Name der Lehrkraft]*, ob sie ab und zu bei ihr Baby sitten kann.
Lösung: *Gültig, wenn Frau Brecker zustimmt (= zweiseitiges Rechtsgeschäft, beidseitig verpflichtend)*

- Herr Sieger hat wegen der trüben Tage, an denen auch noch alle Golfplätze geschlossen sind, Winterdepressionen. Außerdem wird man ja auch nicht jünger... Er schreibt deshalb handschriftlich sein Testament.
Lösung: *Sofort gültig (= einseitiges, nicht empfangsbedürftiges Rechtsgeschäft)*

- Madlens Verlobter hat entdeckt, dass er total auf die bayerische Mundart bei Frauen abfährt. Da Madlen sich jedoch standhaft weigert, bayerisch mit ihm zu reden, löst er kurzerhand sein bereits offiziell gegebenes Eheversprechen...
Lösung: Sofort *gültiges „**Rechtsgeschäft**" (= einseitiges, empfangbedürftige **Rechtsgeschäft**)*

- Christin ist mal wieder in Bastellaune und verspricht, für jeden aus der Klasse ein Osterei selbst zu bemalen und es persönlich als Geschenk zu überreichen.
Lösung: *Gültiges **Rechtsgeschäft**, wenn der zu Beschenkende zustimmt (= zweiseitiges **Rechtsgeschäft**, einseitig verpflichtend)*

Didaktische Erläuterung:

Die personalisierten Ausgangssituationen können erfahrungsgemäß dazu beitragen, sehr „trockene" Themen aufzulockern, insbesondere wenn sie humorig verfasst sind. Dabei sollte die Lehrkraft auf bekannte Eigenheiten, Interessen, Freundschaften etc.

der Schüler/-innen bzw. der in der Klasse unterrichtenden Lehrkräfte Bezug nehmen. Ganz wichtig ist aber, dass sich niemand persönlich herabgesetzt fühlt! Außerdem sollte grundsätzlich ein stabiles, gutes Verhältnis zwischen der Lehrkraft und den Schüler/-innen herrschen, wenn man diese Methode einsetzt.

Materialien:

Vorbereitete Overheadfolie

Zeitaufwand:

ca. 15 Minuten

2.1.17 Grafische Inhaltsübersicht

Zielsetzung:

Zusammenhänge verdeutlichen; Vorwissen aktivieren; bessere Vernetzung des Lern-stoffs ermöglichen.

Ablauf:

Zu Beginn eines neuen Unterrichtsthemas oder nach der Einführungsphase legt die Lehrkraft eine von ihr im Vorfeld erstellte grafische Inhaltsübersicht als Folie auf den Overheadprojektor und verdeutlicht daran kurz, wie das Thema in einen größeren Sinnzusammenhang einzuordnen ist. Sie weist auch auf eventuell bereits bestehendes Vorwissen hin. Idealerweise haben die Schüler/-innen diese grafische Übersicht als Kopie vor sich liegen und können daran immer wieder mitverfolgen, wo sie jetzt im Unterrichtsstoff stehen und wie die Einzelthemen zusammenhängen.

Ablauf:

(siehe Grafiken, nachfolgende Seiten)

(1) Grafische Inhaltsübersicht zum Thema: *Beschaffungsprozesse*[1]

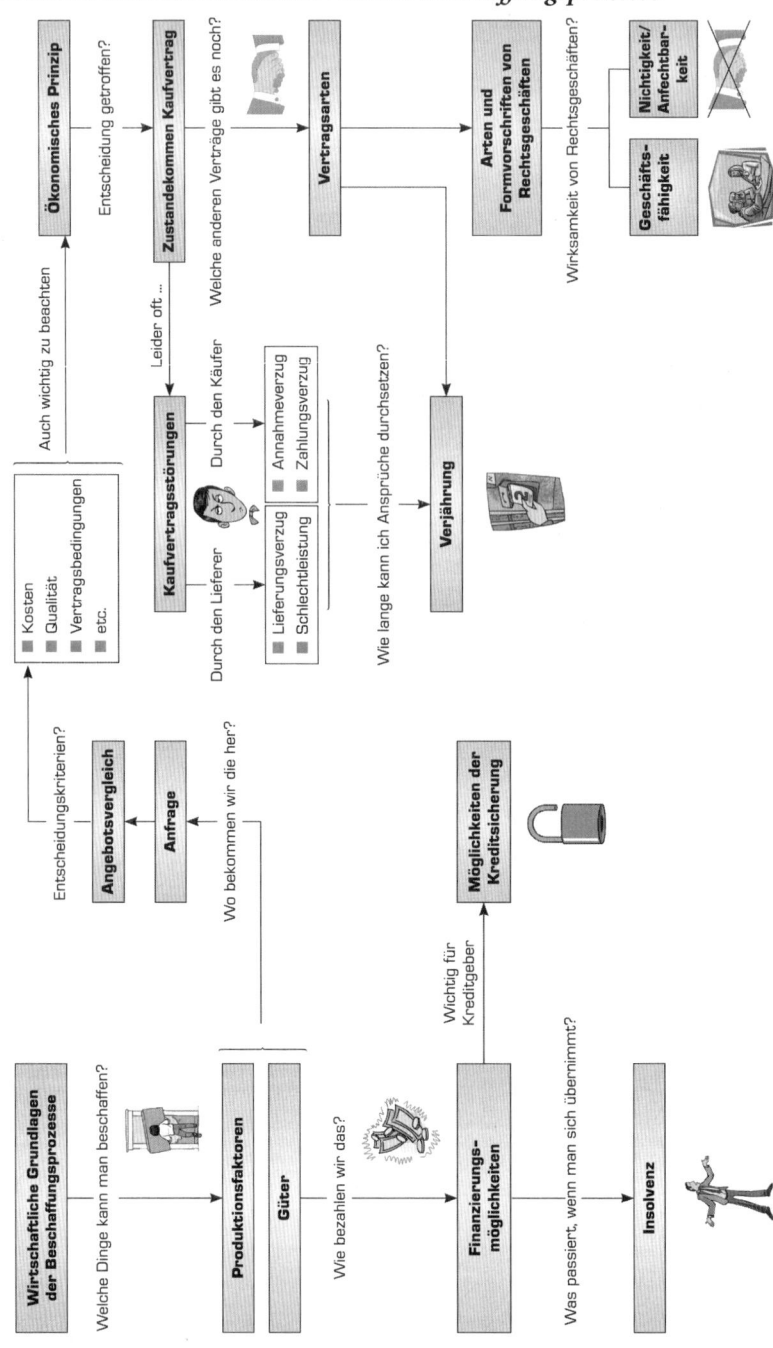

---

[1] Brecker (2008) S. 5, „Beschaffungsprozesse – Ein Arbeitsbuch", Merkur Verlag Rinteln

(2) Grafische Inhaltsübersicht zum Thema: *Marktgrundlagen*

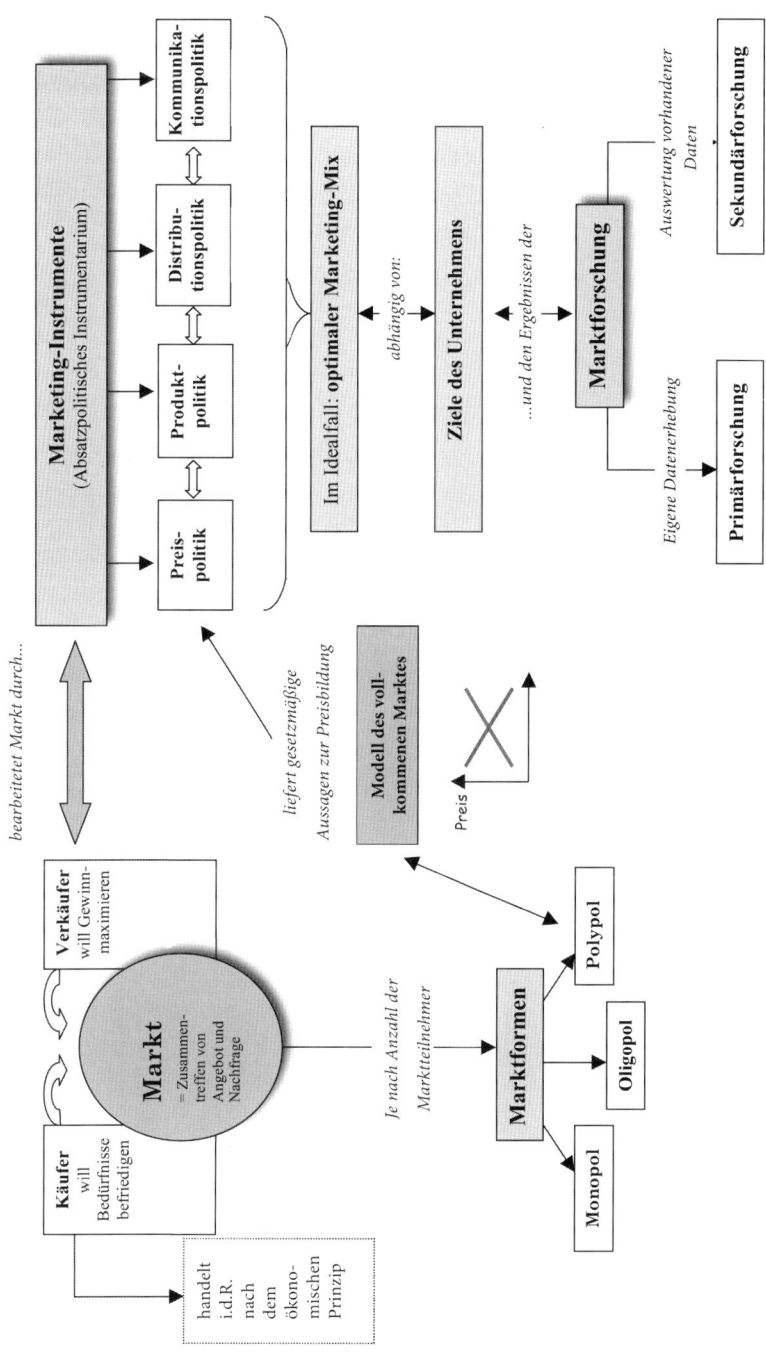

Didaktische Erläuterung:

Grafische Inhaltsübersichten sollten die Lehrkräfte für jedes komplexere Themengebiet erstellen, verteilen und dann auch regelmäßig im Unterricht als Erinnerungshilfe und Lernstütze verwenden. Anders als bei linearen Themengliederungen verdeutlichen Pfeile, Gedanken, Bilder, Symbole etc. den Zusammenhang des oft isoliert erscheinenden Detailwissens. Sie erleichtern somit die Verknüpfung der Fachbegriffe und bieten den Lernenden eine wertvolle Orientierungshilfe.

Die Schüler/-innen sind erfahrungsgemäß sehr dankbar für eine solche Inhaltsübersicht – und auch für die Lehrkräfte kann es durchaus hilfreich sein, sich im Vorfeld der Unterrichtsplanung den Zusammenhang der Unterrichtsthemen einmal selbst klar zu machen. Das Erstellen einer solchen Übersicht erfordert zwar etwas Zeit und braucht vielleicht einige Übung, aber es lohnt sich bestimmt. Wer mit dem Computer nicht so gut umgehen kann, zeichnet sie einfach per Hand. Das sieht vielleicht sogar noch „lebendiger" aus.

Materialien:

Vorbereitete grafische Inhaltsübersicht auf Folie und als Kopie für die Schüler/-innen, Overheadprojektor

Zeitaufwand:

ca. 5 Minuten (für den Einsatz im Unterricht Vorbereitungsaufwand individuell)

Literaturhinweis:

Zur ausführlichen Darstellung der grafischen Inhaltsübersicht unter dem Namen „Advance Organizer" vgl. Herold/Landherr (2005)

Schüler/-innenaktive Themenbearbeitung

2.2   Schüler/-innenaktive Themenbearbeitung

In der Be- oder Erarbeitungsphase sollen sich die Schüler/-innen mit dem Unterrichtsthema vertieft auseinandersetzen. Die wichtigsten Funktionen der Erarbeitungsphase sind der Aufbau von Sach- und Fachkompetenz, die Förderung von Methodenkompetenzen sowie von personalen, sozialen und kommunikativen Fähigkeiten. Allerdings können diese angestrebten Lernziele in der Regel nicht durch einen überwiegend passiv-rezeptiven, lehrer/-innengesteuerten Unterricht erreicht werden, sondern bedürfen verstärkter Schüler/-innenaktivität. Die Lernenden brauchen gewisse Freiräume, innerhalb derer sie ihr Lernen in eigener Regie steuern können, ansonsten führt die Schule leicht dazu, dass das selbstständige Lernen verlernt wird. Aus diesem Grund sind in Abhängigkeit von den Unterrichtsinhalten geeignete Lernaufgaben zu stellen, die mit möglichst selbstständiger Schüler/-innenaktivität bewältigt werden können. Das Ziel über alle Schularten hinweg sollte sein, die Lernenden letztendlich zu befähigen, „nicht einfach draufloszuwurschteln, sondern den eigenen Lernweg bewusst zu planen, zu steuern und zu kontrollieren."[1] Wenn die Schüler/-innen das in ihrer Schullaufbahn gelernt und regelmäßig eingeübt haben, sind sie auch zum lebenslangen Lernen außerhalb der Schule fähig.

Um dieses hochgesteckte Lernziel erreichen zu können, sollten zu Beginn der gestellten Aufgabe deren Sinn, die Erwartungen seitens der Lehrenden und gegebenenfalls zu beachtende Arbeitsregeln gemeinsam mit den Schüler/-innen besprochen werden, ebenso wie konkrete Handlungsprodukte bereits im Vorfeld klar definiert werden müssen. Anhand dieser Vorgaben können die Lernenden dann leichter an ihren methodischen Fähigkeiten arbeiten, indem sie z. B. Wahl- oder Entscheidungsstrategien bezüglich der vorgegebenen Aufgabenstellung selbstständig durchführen, die Zeitplanung festlegen, Informationen beschaffen und auswerten, Präsentationen vorbereiten etc. Zusätzlich werden dadurch weitere wichtige Kompetenzen wie Kommunikationsfähigkeit, Kreativität und soziales Lernen gefördert.

Die Lehrkraft muss ihr Verhalten bei der schüler/-innenaktiven Themenerarbeitung umstellen und sollte auch bei anfangs oft auftretender Unruhe und Ratlosigkeit der Schüler/-innen nicht zu direktiv in die Bearbeitung eingreifen. Durch Ruhe, Geduld und Zurückhaltung bei gleichzeitigem Vertrauen in die Leistungsfähigkeit der Schüler/-innen erreichen die Lehrer/-innen oft viel eher eine disziplinierte und kreative Arbeitsatmosphäre als wenn die Lernenden sich zu stark gesteuert und eingeengt fühlen. Das schließt eine nicht-direktive Beratungstätigkeit und eine offene Gesprächsbereitschaft der Lehrkräfte nicht aus. Feste Vorgaben sollten allerdings auf äußere Bedingungen wie die Bearbeitungszeit, die Arbeitsplatzorganisation, die Materialbereitstellung oder den herrschenden Lärmpegel beschränkt bleiben, um die freie Schüler/-innenarbeit nicht zu beeinträchtigen. Letztendlich nehmen die meisten Probleme bei der selbstständigen Themenerarbeitung auch ab, je häufiger die Schüler/-innen mit dieser Form des Lernens konfrontiert werden. Ein gezielter und abwechslungsreicher Einsatz von

---

[1]   Meyer (1987), S. 155

schüler/-innenaktiven Lernmethoden kann daher die Lernverhältnisse in der Schule nachhaltig verbessern und für beide Seiten befriedigender sein als eine monotone und eher lernhinderliche Vermittlungsdidaktik.

Im Folgenden werden zahlreiche Möglichkeiten vorgestellt, wie eine möglichst selbstständige Themenerarbeitung im kaufmännischen Unterricht gestaltet werden kann. Die Beispiele reichen dabei von relativ eng begrenzten Aufgabenstellungen (z. B. *Übersichten ausfüllen, Fallfragen, Comic-Fachgespräche, Gruppenpuzzle, Fragen-Lotto*) bis hin zu längeren Unterrichtseinheiten, die durch deutlich größere Freiräume bei der Bearbeitung geprägt sind (u. a. *Stationenlernen, Themenspeisekarte, Interview*). Die jeweiligen methodischen Verfahren sind dabei in Abhängigkeit von den anzustrebenden Lernzielen und -inhalten sowie dem zur Verfügung stehenden Zeitrahmen auszuwählen und können nach Belieben kombiniert bzw. modifiziert werden.

2.2.1 Themenspeisekarte

Zielsetzung:

Wahlmöglichkeiten der Schüler/-innen erhöhen; Selbstständigkeit fördern; Kooperationsfähigkeit stärken; Kreativität anregen; methodische Kompetenzen stärken; Förderung von Teamfähigkeit

Ablauf:

Das Thema der neuen Unterrichtseinheit wird den Schüler/-innen bekanntgegeben. Die Lehrkraft erstellt dazu eine inhaltlich zusammenpassende „Speisekarte", die verschiedene „Vorspeisen", „Hauptgänge" und „Desserts" enthält. Nach einer kurzen Vorstellung der einzelnen „Gerichte" durch die Lehrkraft sollen sich die Schüler/-innen aus diesem Angebot jeweils in Kleingruppen selbstständig ein „3-Gänge-Menü" zusammenstellen. Allerdings sollte jedes Thema (sprich: jeder „Gang") innerhalb der Klasse mindestens einmal vorkommen. Um das zu gewährleisten, wird die Menüwahl der Gruppen im Plenum bekanntgegeben und die Lehrkraft notiert, welche „Gerichte" schon „bestellt" wurden und welche nicht. Gegebenenfalls kann sie einzelnen Gruppen dann „Appetit" auf ein anderes Thema machen.

Anschließend arbeiten die einzelnen Gruppen einige Stunden lang möglichst selbstständig an den Inhalten. Die dazu benötigten „Zutaten" im Sinne von diversen Arbeitsmaterialien werden von der Lehrkraft für jeden Themenbereich bereitgestellt. Zum Schluss dieser Arbeitsphase werden alle fertigen „Menüs" in methodisch möglichst ansprechender Form (Wandzeitungen, Collagen, Plakate, Texte, Power-Point-Präsentationen etc.) vorgestellt und schriftlich auf einem Handout fixiert.

Beispiele:

Speisekarte 1
(**Thema:** Betriebliche Leistungsprozesse)

Vorspeisen
(Ursachen, Hintergründe)

Arbeitsteilung
Bedürfnisse, Bedarf, Nachfrage
Der Betrieb und seine Umwelt
Das ökonomische Prinzip
Produktionsfaktoren

Hauptgerichte
(Betrieb und Unternehmen im Rahmen der Wirtschaftssysteme)

Wirtschaftssysteme
Betriebstypologien
Fertigungstypen im Produktionsbetrieb
Fertigungsverfahren im Produktionsbetrieb
Organisationstypen

Desserts
(weiterführende Aspekte)

Rationalisierung
Menschengerechte Arbeitsgestaltung
Energie- und Rohstoffeinsatz
Betrieblicher Umweltschutz
Standort Deutschland
Privatisierung und Subventionierung

Speisekarte 2
(**Thema:** Grundlagen der Werbung)

Vorspeisen
(Ursachen, Hintergründe)

Bedürfnisse
Käufer- und Verkäufermarkt
Monopol, Oligopol, Polypol
Marktforschungsmethoden

Hauptgerichte
(Die Absatzwerbung im Unternehmen)

Aufgaben und Ziele der Werbung
Werbemittel und Werbeträger
Werbeplanung und Werbeetat
Werbeerfolgskontrolle
Product Placement und Schleichwerbung

Desserts
(weiterführende Aspekte)

Deutscher Werberat
Vergleichende Werbung
Irreführende Werbung
Grundlagen der Werbepsychologie
Gesamtwirtschaftliche Bedeutung der Werbung

Didaktische Erläuterung:

Die thematische Speisekarte ermöglicht den Schüler/-innen relativ große Freiräume in der Auswahl, Bearbeitung und methodischen Herangehensweise an ein Thema. Die Lernenden können ihre Interessen und ihr Vorwissen in die Themenwahl mit einbringen und ihre methodischen Fähigkeiten bei der Präsentation vor der Klasse einüben bzw. erweitern. Wichtig ist, dass die Lehrkräfte den Schüler/-innen Arbeitsmaterial und methodische Hilfestellungen an die Hand geben und ihnen während der Bearbeitungsphase beratend zur Seite stehen. Die Lernenden sollten aber auch ausdrücklich ermutigt werden, sich neben den vorhandenen Arbeitshilfen noch eigene Informationsquellen zu suchen.

Je nach Vorwissen und Lernvoraussetzungen der Schüler/-innen können die Lehrkräfte die Themenspeisekarte enger oder weiter wählen, wodurch der Zeitraum der selbstständigen Bearbeitung begrenzt oder ausgeweitet wird. Um den Speisekartencharakter dieser Methode zu verdeutlichen und den Schüler/-innen „Appetit" auf die einzelnen Themen zu machen, kann die Karte liebevoll und kreativ gestaltet werden, beispielsweise durch eine schöne Schrift, besonderes Papier, kleine Zeichnungen, etc.

Hinsichtlich der abschließenden Präsentation der einzelnen „Menüs" durch die Arbeitsgruppen muss berücksichtigt werden, inwieweit notwendige Kompetenzen bei den Schüler/-innen bereits vorhanden sind oder nicht. Es bietet sich ansonsten an, im Vorfeld eine Unterrichtssequenz über die Gestaltungsmöglichkeiten einer Präsentation durchzuführen.

Damit alle Schüler/-innen anschließend auch sämtliche wichtigen Informationen über die gesamten Themen in ihren Unterlagen haben, sollte jede Gruppe neben der Präsentation zusätzlich ein kurzes und übersichtliches Handout zu ihren einzelnen „Menügängen" verfassen. Die gesammelten Handouts sollten dann im Anschluss an die Bearbeitungsphase auch als Grundlage für folgende Übungsaufgaben oder Leistungsüberprüfungen dienen.

Materialien:

vorbereitete „Speisekarte", Arbeitsmaterial wie (Lehr-)Bücher, Internet, Lexika, Zeitungsartikel, Filmbeiträge, Interviews, Bilder, Broschüren, Anzeigen etc.

Zeitaufwand:

ca. 10 Unterrichtsstunden, abhängig vom Umfang der „Speisekarte"

→ ca. 1 Stunde für die „Menüwahl"

→ ca. 6 Stunden für die inhaltliche Bearbeitung und Präsentationsvorbereitung

→ ca. 3 Stunden für die Gruppenpräsentation

Literaturhinweis:

Greving/Paradies (1996), S. 78 ff.

70

2.2.2 Themen-Auftrags-Börse

Selbstständige Themenbearbeitung ermöglichen; Kreativität und Fantasie anregen; Schüler/-inneninteressen berücksichtigen; kooperative Fähigkeiten stärken; Förderung schriftlicher Ausdrucksfähigkeit; Stärkung methodischer Kompetenzen; Teamfähigkeit fördern.

Ablauf:

Nachdem die wesentlichen theoretischen Grundlagen eines Themengebiets erarbeitet worden sind, stellt die Lehrkraft ausgewählte, weiterführende Aspekte und Aufträge zur selbstständigen Bearbeitung zur Wahl (am besten auf Karten an einer Pinwand). Nach einer kurzen Erläuterung der einzelnen Aufgaben sollen sich die Schüler/-innen in Gruppen zu dritt oder viert ein Thema auswählen, das sie besonders interessiert. Nach Abschluss der möglichst selbstständigen Bearbeitung, die sowohl im Unterricht erfolgen, aber auch einen Teil als Hausarbeit umfassen kann, sollen die einzelnen Gruppen dann ihre Ergebnisse im Plenum möglichst ansprechend präsentieren. Außerdem sollten die einzelnen Arbeitsschritte und das Ergebnis des Auftrags schriftlich in einem abschließenden Bericht für alle fixiert werden.

Beispiele:

(1) **Themen-Auftrags-Börse zum Bereich** *Werbung*

- Eigenes Produkt und Werbestrategien dafür entwickeln
- Berufe in der Werbung vorstellen
- Werbung früher – Werbung heute vergleichen
- Eigene kleine „Marktforschung" durchführen
- Werbestrategien von Konkurrenzunternehmen vergleichen
- Auftragsdurchlauf in einer Werbeagentur darstellen
- Werbepsychologische Methoden vorstellen
- „gute" Werbung – „schlechte" Werbung beurteilen

(2) Themen-Auftrags-Börse zum Bereich *Menschliche Arbeit im Betrieb*

Machtverlust? – Die Rolle der Gewerkschaften heute	Industriearbeit hier und in der 3. Welt	Personalauswahlverfahren
Wandel der Arbeitswelt im Technologiezeitalter	Bildungsexpansion und ihre Folgen für den Arbeitsmarkt	Arbeitslosigkeit – Ursachen und Maßnahmen
	Arbeitsschutz im Unternehmen	Der „ideale" Mitarbeiter – Analyse von Stellenanzeigen

Didaktische Erläuterung:

Ähnlich wie bei der Themenspeisekarte geht es darum, dass die Schüler/-innen sich aus einer thematischen Angebotspalette diejenigen Themen und Aufträge zur Bearbeitung heraussuchen sollen, die sie am meisten interessieren. Die Themenbörse ist jedoch nicht für die Aneignung inhaltlicher Grundlagen gedacht, sondern für die weiterführende, selbstständige Erarbeitung eines Spezialgebiets und erhält dadurch eher eine Art Projektcharakter. Wichtig dabei ist, dass die einzelnen Themen ein hohes Maß an Schüler/-innenaktivität und methodischer Gestaltungsfreiheit ermöglichen.

Die Lehrkräfte – im Idealfall stehen mindestens zwei zur Verfügung – müssen den Schüler/-innen Hilfestellungen geben und die Vorgehensweise der Bearbeitung mit ihnen abstimmen. Im Großen und Ganzen sollen die Schüler/-innen aber so selbstständig wie möglich arbeiten und auch die Materialrecherche bzw. -beschaffung (!) eigenständig durchführen. Die abschließende schriftliche Fixierung der Auftragsbearbeitung in einer Art „Projektbericht" (Umfang vorher festlegen) fördert sowohl die schriftliche Ausdrucksfähigkeit der Schüler/-innen – die gerade in berufsbildenden Schulen eher selten umfangreichere Texte produzieren müssen – dient aber auch den Mitschüler/-innen als Information und den Lehrer/-innen als Bewertungsgrundlage. Die Art und Weise der Anfertigung dieses Berichts muss mit den Schüler/-innen vorher im Unterricht besprochen werden, ebenso wie der grundsätzliche Ablauf der Projektarbeit. Dabei können auch sinnvolle Instrumente des Projektmanagements wie z.B. ein Projektstruktur- und -ablaufplan thematisiert werden.

Materialien:

vorbereitete Aufträge auf Pappkarten, Pinwand/Tafel, Stecknadeln/Kreppband, dicke Stifte

ca. 11 Unterrichtsrichtsstunden

→ ca. 1 Stunde für die Themenwahl und Arbeitsplanung

→ ca. 6 Stunden für die Themen-Auftrags-Bearbeitung und Präsentationsvorbereitung

→ ca. 4 Stunden für die Ergebnispräsentation

Die schriftliche Ausarbeitung sollte als gemeinschaftliche Hausarbeit der einzelnen Arbeitsgruppen erfolgen.

Literaturhinweis:

Meyer (1987), S. 149

2.2.3 Interview

Kommunikationsfähigkeit erhöhen; Öffnung der Schule nach außen fördern; empirische Daten gewinnen und auswerten lernen; Kontaktfähigkeit üben; problemlösendes Denken fördern.

Ablauf:

Die Schüler/-innen sollen sich zu dem aktuellen Thema zentrale Fragestellungen überlegen, die im Unterricht zunächst gemeinsam gesammelt und besprochen werden. Anschließend werden in kleinen Gruppen von je 4–5 Schüler/-innen selbstständig Interviews geplant und mit verschiedenen Personen wie Passanten, Unternehmer/-innen, Arbeitnehmer/-innen etc. (abhängig von der thematischen Fragestellung) als Hausarbeit selbstständig durchgeführt. Die Ergebnisse werden anschließend im Plenum präsentiert und diskutiert.

Beispiele:

(1) Mögliche Fragestellungen eines Interviews zum Thema *Marketing*

(a) Fragen an Passanten

- *Was halten Sie von Werbung im Allgemeinen?*
- *Fällt Ihnen spontan eine besonders gelungene oder eine besonders schlechte Werbung ein?*
- *Was finden Sie daran besonders gut oder besonders schlecht?*
- *Welche anderen Marketingmöglichkeiten außer Werbung kennen Sie noch?*
- *Wie schätzen Sie die Bedeutung des Marketings heutzutage ein?*
- *Weshalb schätzen Sie die Bedeutung des Marketings so hoch oder niedrig ein?*
- *etc.*

(b) Fragen an Unternehmen

- *Welche Rolle spielt das Marketing in Ihrem Unternehmen?*
- *Haben Sie eine eigene Marketingabteilung? Wenn ja, wie groß ist sie und wie ist sie aufgebaut?*
- *Welche Marketinginstrumente setzen Sie ein?*
- *Wie kontrollieren Sie den Erfolg dieser Instrumente?*
- *Führen Sie eigene Marktforschungen durch?*
- *Welche Rolle spielt das Internet bei Ihrer Marketingstrategie?*

(2) Mögliche Fragestellungen eines Interviews zum Thema *Gewerkschaften*

(a) Fragen an Passanten/Arbeitnehmer/-innen

- *Wie schätzen Sie die Rolle der Gewerkschaften heute ein?*
- *Hat sich Ihrer Meinung nach daran in den letzten Jahren etwas geändert? Weshalb?*
- *Sind Sie selber in einer Gewerkschaft? Warum, bzw. warum nicht?*
- *Wie sollten sich die Gewerkschaften Ihrer Meinung nach zukünftig verhalten?*
- *Welche Forderungen der Gewerkschaften können Sie unterstützen, welche nicht? Warum?*
- *etc.*

(b) Fragen an Gewerkschaften

- *Wie beurteilen Sie die Stellung der Gewerkschaften heute?*
- *Wie haben sich die Mitgliederzahlen in Ihrer Gewerkschaft in den letzten Jahren entwickelt?*
- *Welche Forderungen sind zentral für Ihre Gewerkschaft?*
- *Welche Ziele streben Sie innerhalb der nächsten Jahre an?*
- *Wie beurteilen Sie die zukünftige Entwicklung der Gewerkschaften?*
- *etc.*

Didaktische Erläuterung:

Anhand dieser Beispiele wird deutlich, dass die Fragen der Interviews gut strukturiert und gezielt auf die jeweiligen Interviewpartner abgestimmt werden müssen. Aus diesem Grund muss vorher gemeinsam oder in den Arbeitsgruppen überlegt werden, worauf die Fragestellung abzielen soll und wie möglichst präzise Antworten erhalten werden können. Das erfordert je nach Themenstellung ein mehr oder weniger großes fachliches Grundwissen sowie Kenntnisse über den Ablauf eines Interviews, was deshalb vorher im Unterricht behandelt werden muss. Die Schüler/-innen sollten die einzelnen Interviews – eventuell arbeitsteilig, d. h., die einzelnen Gruppen spezialisieren sich auf bestimmte Interviewpartner oder Themenbereiche – so selbstständig wie möglich planen, durchführen, auswerten und die Ergebnisse möglichst übersichtlich und strukturiert darstellen. Auch die Interviewpartner, deren ungefähre Anzahl vorgegeben wird, sollten soweit wie möglich selbst gesucht werden. Das fördert die Eigeninitiative und das Selbstvertrauen der Schüler/-innen und stärkt vor allem ihre Kommunikationsfähigkeit und methodischen Kompetenzen.

Das Interview ist eine gute und für die Schüler/-innen oft spannende Methode, um schulische Themenstellungen nach außen zu tragen und ihre aktuelle Relevanz nachzuprüfen. Es sollte jedoch nur gezielt und bei besonders brisanten, interessanten oder aktuellen Themenstellungen eingesetzt werden, da der Reiz und Sinn dieser Methode ansonsten fraglich scheint.

Materialien:

Aufnahmegeräte und evtl. Mikrofone, Plakate und dicke Stifte, Kreppband u. Ä. für die Ergebnispräsentation

Zeitaufwand:

ca. 8 Unterrichtsstunden

→ ca. 2 Stunden für die Vorbereitung der Interviews

→ Durchführung der Interviews als Hausarbeit

→ ca. 4 Stunden für die Auswertung der Ergebnisse und die Präsentationsvorbereitung

→ ca. 2 Stunden für die Präsentation der Gruppenergebnisse

2.2.4 Konfliktrollenspiel

Einfühlungsvermögen der Schüler/-innen stärken; Fantasie und Kreativität anregen; problemlösendes Denken fördern; verbale und körperliche Ausdrucksfähigkeit erhöhen; selbstständige Informationssuche und Bearbeitung fördern; Kooperationsfähigkeit erhöhen; Einfühlen in andere Rollen/Menschen üben.

Ablauf:

Zu bestimmten Themenbereichen werden typische Konfliktsituationen in einem kurzen Fallbeispiel vorgestellt. Die Schüler/-innen sollen dieses Beispiel in Gruppen von 5–7 Lernenden gemeinsam bearbeiten, eventuell notwendige Zusatzinformationen selbstständig beschaffen und auswerten und sich eine mögliche Lösung des Konflikts überlegen. Diese soll dem Plenum anschließend von jeder Gruppe in einem kurzen Rollenspiel präsentiert werden. Die verschiedenen Lösungsmöglichkeiten der einzelnen Gruppen und die Verhaltensweisen der dargestellten Rollenfiguren werden dann gemeinsam diskutiert.

Beispiele:

(1) Thema *Rechte des Auszubildenden*
Möglicher Konflikt: Aufgrund des extrem hohen Arbeitsanfalls in einem Produktionsunternehmen für technische Kleinteile weigert sich der Chef, die drei kaufmännischen Auszubildenden für die Berufsschule freizustellen, weil sie für drei Wochen in der Produktion aushelfen sollen. Diese sind damit jedoch nicht einverstanden, da gerade wichtige Prüfungsthemen in der Schule behandelt werden. Ein erstes Gespräch mit dem Chef endet damit, dass er droht, die Ausbildungsverträge zu kündigen, falls die drei nicht bereit sind in der Produktion mitzuarbeiten.

Arbeitsauftrag:
Wie kann dieser Konflikt gelöst werden?
Welche anderen Personen sollten dazugezogen werden?
Wie sieht die Rechtslage der Auszubildenden und des Chefs aus?
Beschaffen Sie sich die notwendigen Zusatzinformationen und stellen Sie eine mögliche Lösung in einem kurzen Rollenspiel dar.

(2) Thema *Rechte des Käufers aus einem Kaufvertrag*
Möglicher Konflikt: Die Bankangestellte Tina H. hat vor zwei Tagen in einem Fachgeschäft ein Paar schicke Ballerinas gekauft. Allerdings stellt sie beim längeren Probetragen in ihrer Wohnung fest, dass die Schuhe innen eine extrem schlecht verarbeitete Naht haben, die bereits nach kurzer Zeit schmerzhaft drückt. Tina geht am

nächsten Tag wieder in das Geschäft und will die Schuhe zurückgeben. Die Verkäuferin weigert sich jedoch. Wie soll Tina nun reagieren?

Arbeitsauftrag:

Stellen Sie ein mögliches Gespräch zwischen Tina und der Verkäuferin in einem Rollenspiel dar. Wie können beide argumentieren?

Welche Rechte aus dem Kaufvertrag sollte Tina geltend machen?

Auf welche Weise würden Sie diesen Konflikt lösen?

Beschaffen Sie sich die notwendigen Zusatzinformationen und stellen Sie eine mögliche Lösung in einem kurzen Rollenspiel dar.

(3) Thema *Geschäftsfähigkeit*

Möglicher Konflikt: Der 16-jährige Auszubildende Martin K. bekommt zu Weihnachten von seiner Tante, die seit Jahren im Streit mit seinen Eltern liegt, 200,00 € als Geschenk – und außerdem zu seiner großen Freude einen süßen Leguan samt Terrarium. Martins Eltern sind extrem sauer und fordern ihn auf, sofort beide Geschenke zurückzugeben. Er will das jedoch nicht...

Arbeitsauftrag:

Muss Martin dem Wunsch seiner Eltern nachkommen?

Wie sieht die Rechtslage in diesem Fall aus?

Welche Argumente könnten beide Parteien vorbringen?

Beschaffen Sie sich die notwendigen Zusatzinformationen und stellen Sie eine mögliche Lösung dieses Konflikts in einem kurzen Rollenspiel dar.

Didaktische Erläuterung:

Das Konfliktrollenspiel bietet eine gute Möglichkeit, sich scheinbar „trockene" theoretische Inhalte in ihrer Praxisrelevanz handelnd anzueignen und durch das Hineinschlüpfen in andere Rollen denkbare Lösungen von Konflikten spielerisch auszuprobieren. Die verbale und körperliche Auseinandersetzung mit konfliktreichen Situationen ist dabei in der Regel sehr viel anschaulicher und lebendiger für die Lernenden als eine schriftliche und damit theoretische Falllösung. Wichtig ist es deshalb, möglichst realitätsnahe Konflikte vorzugeben, in die sich die Schüler/-innen gut hineinversetzen können. Je nach Übungsgrad und Vorkenntnisse im Rollenspiel können auch weitere Hilfestellungen gegeben werden, indem beispielsweise ausführlichere Rollenkarten erstellt werden, die ein Einfühlen in die darzustellende Person erleichtern.

Für die selbstständige Themenerarbeitung ist es förderlich, dass die Beispiel-Konflikte noch Fragen offen lassen, die nur mit Hilfe von Zusatzinformationen beantwortet werden können.

Materialien:

Konflikt-Arbeitszettel, evtl. Rollenkarten und einige Requisiten

Zeitaufwand:

ca. 4 Unterrichtsstunden

→ ca. 2 Unterrichtsstunden für die Konflikt-Bearbeitung

→ ca. 2 Unterrichtsstunden für die Rollenspiele und anschließende Diskussion

Literaturhinweis:

Greving/Paradies (1996), S. 94 ff.; zur Einarbeitung in das Rollenspiel als Methode: z. B. Schaller (2006)

2.2.5 Gruppenpuzzle

Förderung der Kooperationsfähigkeit; Kommunikationsfähigkeit erhöhen; didaktische Fähigkeiten der Schüler/-innen trainieren; selbstständige Wissensaneignung fördern

Ablauf:

Die Klasse wird in so genannte „Stammgruppen" mit je 4–5 Schüler/-innen aufgeteilt. An die jeweiligen Stammgruppen werden nun 4–5 verschiedene, sich ergänzende Arbeitsmaterialien/Texte/Diagramme etc. verteilt, sodass jedes Gruppenmitglied ein spezifisches Themengebiet aus dem Gesamtthema erhält. Nach einer kurzen Stillarbeitsphase, in der die Schüler/-innen ihr persönliches Material sichten, werden die Stammgruppen zunächst aufgelöst und es setzen sich diejenigen zusammen, die das gleiche Arbeitsmaterial erhalten haben. Innerhalb dieser so genannten „Expertenrunden" sollen die Schüler/-innen nun ihr Arbeitsmaterial gemeinsam besprechen und eventuell auftretende Fragen klären. Außerdem sollen sie besprechen, auf welche Art und Weise man den Stammgruppenmitgliedern am besten die Inhalte vermitteln kann. Anschließend kehren alle in ihre Stammgruppen zurück und jedes Gruppenmitglied muss die anderen möglichst effektiv über sein Spezialgebiet informieren.

Als Abschluss des Gruppenpuzzles bietet sich an, einen kurzen Test in Einzelarbeit schreiben zu lassen, der Fragen über das gesamte Themengebiet beinhaltet. Dazu muss darauf geachtet werden, dass jede Stammgruppe sich vorher einen Namen gibt und diesen zusätzlich zum eigenen Namen auf den Zettel schreibt. Die Tests werden von der Lehrkraft bis zur nächsten Stunde ausgewertet, und zwar gruppenweise, da nicht die individuelle Leistung zählt, sondern auch das Gruppenergebnis entscheidend ist. Sieger ist demnach diejenige Stammgruppe, die insgesamt am meisten Punkte erreicht hat und damit die beste Stoffvermittlungsleistung erbrachte.

Beispiele:

(1) Thema des Gruppenpuzzles *Soziale Sicherung der Arbeitnehmer*

Fünf mögliche Expertenthemen:

A Krankenversicherung
B Pflegeversicherung
C Rentenversicherung
D Arbeitslosenversicherung
E Unfallversicherung

1. Phase:

Stammgruppenrunde: An die je fünf Mitglieder einer Stammgruppe werden die Zettel A–E verteilt, die Informationen zu den verschiedenen Themengebieten beinhalten.

AB	AB	AB	AB	Es sind 20 Schüler/-innen in
CD	CD	CD	CD	der Klasse, d. h. es gibt vier
E	E	E	E	Stammgruppen.

2. Phase:

Expertenrunde: Es setzen sich aus jeder Stammgruppe diejenigen zusammen, die das gleiche Unterthema erhalten haben.

AA	BB	CC	DD	EE	Es gibt 5 verschiedene Expertengruppen,
AA	BB	CC	DD	EE	die ihr Spezialthema besprechen.

3. Phase:

Wissensvermittlung innerhalb der Stammgruppen

AB	AB	AB	AB	Der Reihe nach vermittelt jedes Stamm-
CD	CD	CD	CD	gruppenmitglied sein Expertenwissen
E	E	E	E	an die übrigen Mitglieder.

4. Phase:

Leistungstest in Einzelarbeit

A	B	C	D	E	Jeder Schüler versucht für sich allein
E	D	B	C	A	die Testfragen zu lösen, schreibt
C	A	B	E	D	aber auch den Stammgruppennamen
D	C	A	B	E	auf den Zettel.
B	E	D	C	A	

5. Phase:

Ergebnisbesprechung des Tests und Feedback innerhalb der Stammgruppe in der nächsten Unterrichtsstunde

AB	AB	AB	AB	Stärken und Schwächen der
CD	CD	CD	CD	Vermittlungsstrategien werden innerhalb
E	E	E	E	der Gruppen anhand der Gruppen-
				ergebnisse kurz besprochen.

6   Brecker, Bausteine – ISBN 978-3-8120-0394-0

(2) Thema des Gruppenpuzzles *Unternehmensformen*

Vier mögliche Expertenthemen:

A   OHG

B   KG

C   GmbH

D   AG

Der Ablauf des Gruppenpuzzles entspricht der obigen Darstellung, nur dass es jetzt 4 statt 5 Expertenthemen gibt und die Klasse bei z. B. 25 Schüler/-innen dementsprechend in 6 Gruppen aufgeteilt wird, wobei in *einer* Gruppe 5 statt 4 Mitglieder sein müssen. Zwei Schüler/-innen teilen sich dann ein Expertenthema. Es könnten aber auch z. B. die GbR oder die Genossenschaft als weitere Expertenthemen hinzugenommen werden.

Didaktische Erläuterung:

Das Gruppenpuzzle ist eine gute Möglichkeit, die Schüler/-innen einmal in die Lehrer/-innenrolle schlüpfen zu lassen, da jeder den restlichen Gruppenmitgliedern sein spezifisches Expertenthema erklären muss. Es sollte den Lernenden von Anfang an bewusst gemacht werden, dass im Endeffekt nur das kollektive Gruppenergebnis zählt, nicht die Einzelleistung, weshalb es besonders auf die Qualität der Vermittlung von zentralen Themeninhalten ankommt. Die Schüler/-innen sollen möglichst effektive Strategien zur Wissensvermittlung anwenden, beispielsweise durch die präzise Darstellung sachlich wichtiger Details, durch die grafische Aufzeichnung zentraler Themeninhalte, die Stellung von Kontroll- oder Rückfragen an die Stammgruppenmitglieder etc.

Zu beachten ist, dass die Informationsblätter zu den einzelnen Expertenthemen nicht zu umfangreich und ansprechend gestaltet sind, beispielsweise durch gekennzeichnete Definitionen, Statistiken, Diagramme, kleine Aufgaben, praktische Beispiele etc. Etwas geübteren Schüler/-innen kann man aber auch Fließtexte geben, die sie selbst in den Expertenrunden strukturieren, zusammenfassen oder anschaulich gestalten müssen.

Der abschließende kurze Test ist eine sinnvolle Kontrollmöglichkeit für die Effektivität und Qualität der Erklärungen der Schüler/-innen und sollte daher nicht fehlen. Öffentlich bekannt gegeben werden dürfen aber nur die Gruppengesamtergebnisse, die Besprechung der individuellen Testergebnisse sollte dagegen innerhalb der Stammgruppen erfolgen, damit die Schüler/-innen aufgetretene Probleme noch einmal im kleinen Kreise thematisieren können. Eventuell kann man eine kleine Siegerehrung und Preisverleihung bei der Bekanntgabe der Testergebnisse veranstalten und dies bereits im Vorfeld des Gruppenpuzzles bekannt geben, sodass ein erhöhter Leistungsanreiz für die Schüler/-innen besteht.

Der Einsatz des Gruppenpuzzles als ungewöhnliche und nicht zu zeitaufwendige Alternative zum lehrer/-innenzentrierten Unterricht bietet sich vor allem bei Themenbereichen an, die stark von Faktenwissen geprägt sind und sich gut in mehrere etwa gleichwertige Unterthemen aufteilen lassen. Die Lehrkraft hält sich während des Gruppenpuzzles so weit wie möglich im Hintergrund und sollte nur bei gezielten Rück- und Verständnisfragen zu Hilfe kommen.

Geht die Schüler/-innenanzahl nicht auf, sodass keine gleich starken Gruppen gebildet werden können, müssen eventuell zwei Gruppenmitglieder das gleiche Material erhalten und sich anschließend in ihrer Vermittlungstätigkeit abwechseln.

Materialien:

verschiedene Informationsblätter für die einzelnen Expertenthemen, vorbereiteter Leistungstest

Zeitaufwand:

insgesamt ca. 2 1/2 Unterrichtsstunden (je nach Themenumfang evtl. auch länger)

→ ca. 10 Minuten für die Stammgruppenbildung, Verteilung des Arbeitsmaterials und Erläuterung der Themenstellung

→ ca. 10 Minuten für das Sichten des Materials in Einzelarbeit

→ ca. 20 Minuten für die Besprechung innerhalb der Expertengruppen (etwa die doppelte Zeit, wenn die Expertengruppen Fließtexte selbst strukturieren müssen)

→ ca. 30 Minuten für die Vermittlung der Expertenthemen innerhalb der Stammgruppen

→ ca. 20 Minuten für den Leistungstest in Einzelarbeit

→ ca. 10 Minuten für die Ergebnisbekanntgabe in der nächsten Stunde

→ ca. 15 Minuten für die anschließende Ergebnisauswertung in den Stammgruppen

Literaturhinweis:

Greving/Paradies (1996), S. 216 ff.; Klippert (1998), S. 151

2.2.6 Fragen-Lotto

Selbstständige Themenerarbeitung fördern; Kooperationsfähigkeit erhöhen; Fähigkeit zur Wissensstrukturierung fördern; Kommunikationsfähigkeit trainieren; Präsentationstechniken üben; didaktische Fähigkeiten entwickeln.

Ablauf:

Zu einem bestimmten Oberthema wird von der Lehrkraft eine übersichtliche Grobgliederung in einzelne Themengebiete an die Tafel geschrieben und kurz erläutert. Dann wird ein Korb, Karton, etc. herumgegeben, der farbig abgestimmte Fragekarten zu den verschiedenen Themengebieten enthält. Jeder Lernende muss eine davon ziehen. Es sollen sich nun alle Schüler/-innen mit gleichen Kartenfarben (sprich: Themengebieten) zu Gruppen zusammenfinden. Innerhalb dieser Gruppen sollen die Lernenden zunächst jeder für sich die eigenen Fragekarten mit Hilfe der Lehrbücher oder sonstigen Arbeitsmaterials bearbeiten. Anschließend werden die Ergebnisse in der Gruppe besprochen, bevor versucht werden soll, sie in eine sinnvolle, übersichtliche Struktur zu bringen. Die sortierten Fragen und Antworten werden dann auf einem Plakat, einer Folie und/oder einem Handout festgehalten, im Plenum vorgestellt und von den jeweiligen „Fragenexperten" erläutert.

Beispiele:

(1) Thema *Die wichtigsten Rechtsformen des Unternehmens*

Grobgliederung in verschiedene Themengebiete:

Folgende wichtige Rechtsformen werden unterschieden:

1.	Einzelunternehmen	(rote Karten)
2.	Personengesellschaften	
	• OHG	(gelbe Karten)
	• KG	(weiße Karten)
	• GmbH & Co. KG	(rosa Karten)
3.	Kapitalgesellschaften	
	• AG	(grüne Karten)
	• GmbH	(blaue Karten)

Mögliche Fragestellungen auf den roten Karten (= Einzelunternehmen)

- *Was sind die Vorteile einer Einzelunternehmung?*
- *Welche Nachteile hat eine Einzelunternehmung?*
- *Für welche Branchen/Unternehmungsformen sind Einzelunternehmen am besten geeignet?*
- *etc.*

Mögliche Fragestellungen auf den gelben Karten (= OHG)

- *Was ist eine OHG?*
- *Wie ist die Haftung bei der OHG geregelt?*
- *Welche Rechte und Pflichten haben die Gesellschafter einer OHG?*
- *etc.*

Mögliche Fragestellungen auf den grünen Karten (= AG)

- *Was ist eine AG?*
- *Welche Gründungsvoraussetzungen bestehen für eine AG?*
- *Aus welchen Organen besteht die AG?*
- *etc.*

(2) Thema *Kaufvertragsstörungen*

Grobgliederung in verschiedene Themengebiete:

> **Folgende Kaufvertragsstörungen werden unterschieden:**
>
> Seitens des Verkäufers:
> - Lieferungsverzug   (= grüne Karten)
> - Mangelhafte Lieferung/Schlechtleistung (= blaue Karten)
>
> Seitens des Käufers:
> - Annahmeverzug   (= gelbe Karten)
> - Zahlungsverzug   (= rote Karten)

Mögliche Fragestellungen auf den grünen Karten (= Lieferungsverzug)

- *Wann liegt ein Lieferungsverzug vor?*
- *In welchen Fällen muss der Käufer den Lieferer nicht mahnen, um ihn in Verzug zu setzen?*
- *Welche Rolle spielt das Verschulden beim Lieferungsverzug?*
- *etc.*

Mögliche Fragestellungen auf den blauen Karten (= Mangelhafte Lieferung/ Schlechtleistung)

- *Welche Mängel werden unterschieden?*
- *Welche Rügefristen gelten bei mangelhafter Lieferung?*
- *Welche Rechte kann der Käufer bei mangelhafter Lieferung geltend machen?*
- *etc.*

Didaktische Erläuterung:

Das Fragen-Lotto eignet sich vor allem für die Bearbeitung von Themengebieten, die umfangreiches und detailliertes Faktenwissen beinhalten, das gut in einzelne, konkrete Fragestellungen aufgeteilt werden kann. Durch die individuelle, möglichst selbstständige Erarbeitung eines klar abgegrenzten Themen-Teilbereichs und die anschließende gemeinsame Strukturierung der Ergebnisse innerhalb der Gruppe, werden sowohl die persönliche Leistungsfähigkeit als auch die Teamfähigkeiten der Schüler/-innen trainiert. Jeder ist Experte für seine Fragestellung und muss diese den Mitschüler/-innen vermitteln sowie auf Rückfragen eingehen können, was die didaktischen Fähigkeiten übt und auch die Zurückhaltenderen zur mündlichen Kommunikation anhält. Wichtig ist, dass die jeweiligen Gruppen versuchen, ihr Thema in einer geordneten Struktur zu präsentieren, denn die Arbeitsergebnisse zu den jeweiligen Themengebieten sollen anschließend als gemeinsame Informationsgrundlage für weiterführende Übungen bzw. thematische Vertiefungen dienen.

Materialien:

farbig abgestimmte Fragekarten, Plakate, Folien, o. Ä., dicke Stifte, geeignetes Arbeitsmaterial (Lehrbücher, Internet, etc.)

Zeitaufwand:

ca. 5 Unterrichtsstunden
→ ca. 15 Minuten für Erläuterung der Gliederung und das Kartenziehen
→ ca. 30 Minuten für die individuelle Bearbeitung der Fragestellung
→ ca. 2 Unterrichtsstunden für die Erstellung der Gruppenplakate
→ ca. 2 Unterrichtsstunden für die Ergebnispräsentation und Beantwortung der Fragen im Plenum

2.2.7 Stationenlernen

Zielsetzung:

Selbstständigkeit der Schüler/-innen fördern; abwechslungsreiche Themenerarbeitung ermöglichen; Kooperationsfähigkeit erhöhen; Abbau des direkten Handlungsdrucks im Unterricht; Auswahl der Aufgaben nach eigenen Interessen ermöglichen; Fähigkeiten zur Lernorganisation fördern

Ablauf:

Die thematische Unterrichtseinheit wird in einzelne Lernstationen aufgeteilt, die verschiedene Informationsquellen, Arbeitsaufträge, Lernangebote etc. enthalten und über den ganzen Klassenraum verteilt werden. Nach einer kurzen Vorstellung der Stationen durch die Lehrkraft können sich die Schüler/-innen die verschiedenen Stationen genauer anschauen und dann selbst entscheiden, welche sie durchlaufen möchten und welche nicht. Die Reihenfolge der Bearbeitung, die Sozialform und der Zeitaufwand für die jeweilige Lernstation ist ebenfalls frei wählbar. Die Lehrkraft macht nur die Vorgabe, dass von den insgesamt zur Verfügung stehenden Stationen eine bestimmte Mindestanzahl durchlaufen werden muss. Zur Selbstkontrolle sind die erledigten Lernstationen auf einem verteilten „Laufzettel" von den Schüler/-innen abzuhaken. Darüber hinaus wird ein zeitlicher Gesamtrahmen abgesteckt, innerhalb dessen wenigstens die vorgegebene Mindestmenge der Lernstationen durchlaufen werden muss. Am Ende des Stationenlernens kann zur Erfolgskontrolle ein kleiner Test mit kurzen Fragen zu den einzelnen Lernstationen geschrieben werden. Einzelne Ergebnisse – insbesondere die der „kreativeren" Stationen – werden abschließend vorgestellt und besprochen.

Beispiele:

(1) **Stationenlernen zum Thema** *Führungsverhalten*

Mögliche Lernstationen (Bearbeitungszeit 2 Unterrichtsstunden):

- **Lehrbuchtext mit verschiedenen Führungsstilen durchlesen.**
  → Kontrollfragen müssen gelöst werden.

- **Verschiedene Fallbeispiele mit unterschiedlichem Führungsverhalten werden gestellt.**
  → Die Schüler/-innen sollen die verschiedenen Führungsstile und -techniken den Beispielen begründet zuordnen.

- **Aktuelle Zeitungsartikel zum Thema werden ausgelegt.**
  → Die Lernenden sollen anhand der darin enthaltenen Informationen vorgegebene Fragen beantworten, z. B. die darin geäußerte Kritik am Management, eine Gegenüberstellung von Anspruch und Wirklichkeit, in Bezug auf das Führungsverhalten etc., der Führungsstil in anderen Ländern.

- **Eine Konfliktsituation wird per Hörspiel übertragen, das Ende ist offen.**
  → Die Schüler/-innen sollen sich eine Lösung des Konflikts überlegen und diese schriftlich kurz fixieren.

- **Es werden geeignete Comicstrips ausgelegt, die jeweils eine konfliktreiche Situation zwischen Vorgesetzten und Untergebenen darstellen. Der Text ist jedoch weggelassen worden.**
  → Die Schüler/-innen sollen die Sprechblasen ausfüllen und überlegen, was Anlass des Konflikts gewesen sein könnte, welche Äußerungen gemacht werden könnten etc. (Tipp: Besonders geeignet als Vorlage sind Comics von *Clever & Smart* oder *Gaston*.)

- **Begriffe wie „Macht", „Abhängigkeit", „Kooperation", „Vertrauen", „Angst", „Autorität" etc. werden zur Auswahl gestellt.**
  → Die Schüler/-innen sollen diese Begriffe jeweils in einem geeigneten Standbild darstellen.

Hinweise zur Bearbeitung: Es sind mindestens vier Lernstationen zu bearbeiten.

(2) **Stationenlernen zum Thema** *Arbeit als Produktionsfaktor*

Mögliche Lernstationen (Bearbeitungszeit: 6 Unterrichtsstunden):

- **Lehrbuchtext**
  → Kontrollfragen müssen beantwortet werden.

- **Drei Beispielabrechnungen**
  → Die Schüler/-innen sollen die Unterschiede zwischen den (möglichst realen) Abrechnungen festhalten (z. B. Urlaubsgeld als Sonderzahlung, geringere Steuer wegen anderer Lohnsteuerklasse, unterschiedliche vermögenswirksame Leistungen, Krankengeld, aber auch Layout, Übersichtlichkeit etc.).

- **Beispielaufgaben**
  → Die Schüler/-innen sollen das Netto-Gehalt von mindestens zwei Beispielen rechnerisch ermitteln.

- **Vergleichende Statistiken der Lohn- und Lohnnebenkosten zwischen verschiedenen Ländern**
  → Statistiken auswerten und überlegen, welche Konsequenzen sich daraus ergeben.

- **Ausgewählte Zeitungs-/Zeitschriftenartikel oder TV-Ausschnitte**
  → Die Schüler/-innen sollen mindestens einen Artikel gründlich lesen bzw. einen Fernsehmitschnitt anschauen und die dargestellten Argumente und Strategien bezüglich der Lohnkostenproblematik schriftlich fixieren (Tipp: Dazu eignen sich besonders aktuelle Tarifverhandlungen über Löhne und Gehälter).

- **Statistiken/Grafiken mit Gegenüberstellung von Arbeitsproduktivität, Lohnkosten und Lebensstandard**
  → Die Schüler/-innen sollen den Zusammenhang zwischen diesen Faktoren erkennen und überlegen, welche Konsequenzen das für die Standortwahl hat.

- **Pro- und Kontra-Argumente zu aktuellen Gewerkschaftsforderungen nach höheren Löhnen und Gehältern**
  → Die Schüler/-innen sollen sich Pro- und Kontra-Argumente für Lohn-/Gehaltssteigerungen überlegen.

- **Abrechnung per DV**
  → Die Schüler/-innen sollen für eine einfache Beispielabrechnung ein Rechenblatt am PC erstellen (z. B. mit EXCEL).

- **Zukunft der Arbeit in Deutschland?**
  → Die Schüler/-innen sollen ein Brainstorming zu diesem Thema anstellen und mögliche Zukunftsszenarien entwickeln. Das Ergebnis ist auf einem Plakat oder in einer Collage zu fixieren. Zeitschriften und Zeitungen liegen dazu aus.

Hinweis zur Bearbeitung: Es sind mindestens 6 Lernstationen zu bearbeiten.

Didaktische Erläuterung:

Das Stationenlernen ist eine sehr freie Form der schüler/-innenaktiven Themenbearbeitung und erfordert ein relativ hohes Maß an Eigendisziplin von den Lernenden. Dennoch bietet diese Methode den großen Vorteil, dass die Schüler/-innen ihr eigenes Lerntempo selbst bestimmen können und ihre Lernprozesse individuell organisieren müssen. Es ist darauf zu achten, dass bei der Gestaltung der Lernstationen möglichst viele Sinne und Fähigkeiten angesprochen werden, indem die einzelnen Angebote so abwechslungsreich wie möglich vorzubereiten sind. Um eine einheitliche thematische Grundlage zu gewährleisten, können einige Lernstationen auch als Pflichtangebote gekennzeichnet werden, obwohl das wieder verstärkten Zwangscharakter hat. Besser ist es, die Angebote so zu gestalten, dass viele davon ohne bestimmtes Grundlagenwissen gar nicht zu bearbeiten sind. Die Schüler/-innen werden dann in der Regel die dazu notwendigen Lernstationen freiwillig durchlaufen.

Die Lehrkraft sollte während der Bearbeitungszeit hauptsächlich eine Beobachterrolle einnehmen und nur in Ausnahmefällen, z.B. bei offensichtlichen Problemen mit einer Aufgabenstellung, steuernd eingreifen. Zusätzlich zu den jeweiligen Arbeitsaufträgen sollten den Schüler/-innen schriftliche Hilfen zur Selbsthilfe angeboten werden, damit auch die schwächeren Lerner möglichst selbstständig arbeiten können. Sinnvoll kann es beispielsweise sein, auf diesen „Hilfszetteln" neben allgemeinen methodischen Vorgehensweisen zu vermerken, welche anderen Lernstationen nützlich für die erfolgreiche Lösung einer Aufgabe sein können, um den Schüler/-innen dadurch eine gewisse Richtschnur an die Hand zu geben. Zusätzlich kann an jeder Lernstation ein schriftliches Kontrollblatt ausgelegt werden, anhand dessen die Schüler/-innen ihre Ergebnisse mit beispielhaften Musterlösungen vergleichen können. Falls einige „Lernfaule" lieber gleich die Musterlösung abschreiben, anstatt die Aufgabe selbst zu lösen, haben sie zumindest die schriftlichen Aufzeichnungen in ihren Unterlagen. Ob sie beim Abschreiben tatsächlich etwas gelernt haben, wird dann z. B. der Test am Ende des Stationenlernens zeigen.

Ein Test am Ende des Stationenlernens ist zwar nicht zwingend notwendig, kann aber für den Lehrenden eine Kontrolle sein, ob diese Form der selbstständigen Themenerarbeitung zum gewünschten Erfolg geführt hat oder nicht. Die Gesamtergebnisse können anschließend gut im Plenum besprochen werden und damit auch als wichtige Anhaltspunkte für zukünftige Verbesserungsvorschläge dienen. Unabhängig von den Testergebnissen sollte als Abschluss des Stationenlernens auf jeden Fall ein gezieltes Feedback erfolgen.

Materialien:

geeignete Lernstationen mit diversen Informationsmaterialien und Medien je nach Bedarf

Zeitaufwand:

je nach Themenumfang ca. 2–6 Unterrichtsstunden

Literaturhinweis:

Bauer (1997)

2.2.8 Pro- und Kontra-Debatte

Zielsetzung:

Fähigkeit zur selbstständigen Auswertung von Informationen fördern; Argumentationstechniken üben; Regeln einer Debatte praktisch anwenden können; konzentriertes Gesprächsverhalten trainieren; Einfühlungsvermögen in verschiedene Rollen erhöhen.

Ablauf:

Nach einer Einführung in das Themengebiet und – falls noch nicht im Unterricht behandelt – in die Regeln einer Debatte wird die Klasse in drei Gruppen aufgeteilt. Die eine Gruppe soll anhand von vorbereiteten Informationsmaterialien (Zeitungsberichte, Interviews, Lehrbuchtexte, Leserbriefe usw.) Pro-Argumente zu einer vorbereiteten kontroversen Fragestellung bezüglich des Themas heraussuchen und die andere Gruppe Kontra-Argumente. Dabei kann die Einteilung sowohl nach eigenen Meinungspositionen der Schüler/-innen als auch willkürlich erfolgen. Die dritte Gruppe hat die Beobachterrolle inne. Sie soll einen Beobachtungsbogen entwickeln, auf dem das Debattierverhalten der Beteiligten protokolliert und ausgewertet wird. Nach der Auswertungsphase der Informationen wird die Debatte eröffnet und die jeweiligen Argumente sollen von beiden Seiten begründet vorgetragen werden. Zum Abschluss der Debatte hält jede Seite noch einmal ein kurzes Plädoyer.

Nach der Debatte erfolgt ein gezieltes Feedback, wie sich die Beteiligten gefühlt haben, welche Argumente überzeugen konnten und welche nicht, ob insgesamt die Pro- oder die Kontra-Seite mehr Befürworter hat usw. Auch die Beobachtergruppe trägt ihre Aufzeichnung vor und die Debattenregeln werden noch einmal anhand der praktischen Erfahrungen thematisiert.

Zur Sicherung des inhaltlichen Lernerfolgs können die Gruppen anschließend noch ein Handout mit ihren wichtigsten Thesen/Argumenten verteilen und diese mit Auszügen aus den erhaltenen Informationsmaterialien belegen.

Beispiele:

(1) Debatte zum Thema *Sollten Subventionen abgebaut werden?*

(2) Debatte zum Thema *Sollte Schwarzarbeit härter verfolgt und bestraft werden?*

(3) Debatte zum Thema *Ist eine Verschärfung des Verbraucherschutzgesetzes bei Lebensmitteln notwendig?*

Didaktische Erläuterung:

Die Pro- und Kontra-Debatte eignet sich gut für kontroverse politische und (volks-)wirtschaftliche Themenstellungen, die auch in der Öffentlichkeit die Gemüter erregen. Vor allem für die Beschaffung von aktuellen Informationsmaterialien ist das ein wichtiger Aspekt. Es bieten sich vor allem Zeitungsartikel und Kommentare an, die ruhig auch polemisch geschrieben sein können, denn je extremer die Meinungen sind, desto besser für eine lebhafte Debatte. Mit dieser Methode kann man sowohl thematische Inhalte anschaulich und interessant gestalten als auch die theoretischen Regeln einer Debatte gut in die Praxis umsetzen. Ob man dabei die sehr strenge Form einer geschlossenen Debatte wählt oder die weniger „verregelte" offene Debatte bevorzugt, muss die Lehrkraft im Hinblick auf ihre Lehr-Lern-Ziele entscheiden.

Um die Debatte „anzuheizen" bietet es sich eventuell an, jedem Schüler eine bestimmte Rolle zuzuweisen, beispielsweise den Schwarzarbeiter, der ansonsten seine Familie nicht ernähren kann, die knallharte Vertreterin der strafrechtlichen Verfolgung von Schwarzarbeit usw. Das kann die Gesprächsbereitschaft fördern und das Einfühlungsvermögen in die Interessen bestimmter Personengruppen erhöhen. „Geschauspielert" werden muss auch, wenn die Gruppeneinteilung willkürlich erfolgt, sodass die Schüler/-innen eventuell eine Meinung vertreten sollen, die sie persönlich gar nicht teilen. Das übt Toleranz und Einfühlungsvermögen, kann aber unter Umständen zu einer schnelleren „Erlahmung" der Debatte führen.

Es sollte generell darauf geachtet und zur festen Regel gemacht werden, dass jeder Beteiligte mindestens einen Argumentationspunkt vertritt, damit nicht immer die gleichen Schüler/-innen reden. Die Bildung von „Experten" für bestimmte Argumente innerhalb der Gruppe kann deshalb sinnvoll sein. Nicht versäumt werden sollte auch, einmal vor und nach der Debatte ein Meinungsbild der Lernenden zu erstellen, um feststellen zu können, ob letztendlich die Pro- oder Kontra-Seite stärker überzeugen konnte.

Materialien:

geeignetes Informationsmaterial, evtl. vorbereitete Rollenkarten

Zeitaufwand:

ca. 2 Unterrichtsstunden

Literaturhinweis:

Klippert (1998), S. 204; zur Einführung in die Debatte eignet sich z. B. Blum (2007) oder Kaspar/Proner/Rauda (2007)

2.2.9 Erkundungsauftrag

Zielsetzung:

Selbstständigkeit bei der Informationssammlung und -auswertung fördern; Informationen direkt aus der Praxis erhalten; Lebensnähe des Unterrichtsstoffs bewusst machen; (kaufmännische) Zusammenhänge erkennen; Präsentationsfähigkeiten trainieren; Kommunikationsfähigkeiten fördern

Ablauf:

Nachdem die grundlegenden Kenntnisse über ein Themengebiet erarbeitet worden sind, erhalten die Schüler/-innen dazu einen bestimmten Erkundungsauftrag, den sie in (ihren Ausbildungs-)Betrieben durchführen sollen. Die Ergebnisse werden dem Plenum anschließend in einer Präsentation vermittelt. Falls vorhanden und falls die Unternehmen dazu bereit sind, sollten auch Informationsmaterialien wie Formulare, Broschüren, Grafiken etc. als praktisches Anschauungsmaterial mit in die Präsentation einbezogen werden. Anschließend wird im Plenum über Unterschiede und Gemeinsamkeiten der Erkundungsergebnisse diskutiert und das Thema weiter vertieft.

Sofern in Berufsschulen mehrere Auszubildende innerhalb der Klasse in dem gleichen Unternehmen angestellt sind, können sie diesen Auftrag auch in Gruppen von 3–4 Schüler/-innen bearbeiten.

Beispiele:

(1) **Erkundungsauftrag für angehende Industriekaufleute zum Thema**
   Materialwirtschaft
   → *Wie ist der Materialdurchlauf in Ihrem Ausbildungsbetrieb geregelt?*

(2) **Erkundungsauftrag für angehende Bankkaufleute zum Thema**
   Kreditwesen
   → *Wie wird ein Kreditantrag in Ihrer Bank bearbeitet?*

(3) **Erkundungsauftrag für angehende Einzelhandelskaufleute zum Thema**
   Warenbedarfsermittlung
   → *Wie erfolgt in Ihrem Ausbildungsbetrieb die Warenbedarfsermittlung?*

Didaktische Erläuterung:

Erkundungsaufträge eignen sich besonders in Berufsschulklassen sehr gut zur Erarbeitung praktischer, anwendungsorientierter kaufmännischer Themen. Die Schüler/-innen lernen durch die selbstständige Form der Informationssammlung und -verarbeitung ihr Ausbildungsunternehmen besser kennen und die Trennung zwischen Theorie und

Praxis wird aufgehoben. Interessant ist auch der Vergleich zwischen verschiedenen Unternehmen, was eine Themenbetrachtung aus mehreren Perspektiven möglich macht. Die Ergebnisse der einzelnen Schüler/-innen oder Gruppen sollten deshalb für alle auch schriftlich oder grafisch, z. B. auf Plakaten fixiert werden.

In Klassen mit Schüler/-innen ohne Ausbildungsvertrag sollte man die Erkundungsaufträge so abwandeln, dass die Schüler/-innen entweder Informationen über öffentliche Institutionen einholen sollen (z. B. Schuldnerberatungen, Sparkassen) oder sie sollen sich an Unternehmen ihrer Wahl wenden, wodurch im günstigsten Fall sogar Kontakte für eine anschließende Ausbildung geknüpft werden können.

Materialien:

evtl. Plakate, Stifte u. Ä. für eine grafische Übersicht der Ergebnisse

Zeitaufwand:

Erkundungen erfolgen außerhalb der Unterrichtszeit, Präsentation und Besprechung der Ergebnisse ca. 2 Unterrichtsstunden

2.2.10 Skript-Kooperation

Selbstständige Wissensaneignung fördern; zentrale Aussagen aus Texten herausfiltern können; Kontrollfähigkeiten trainieren; Kooperationsfähigkeit stärken; Verbesserung der mündlichen Ausdrucksfähigkeit.

Ablauf:

Zunächst lesen alle Schüler/-innen jeweils allein einen Informationstext – möglichst als Fließtext mit mehreren etwa gleich langen Abschnitten – zum aktuellen Unterrichtsthema. Im Anschluss daran sollen sich jeweils zwei Banknachbarn zusammentun. Nun fasst immer abwechselnd einer von beiden einen Textabschnitt mündlich kurz zusammen, während der Partner eventuelle Fehler korrigiert und auf Auslassungen hinweist. Bei der mündlichen Zusammenfassung des nächsten Abschnitts erfolgt dann ein Rollentausch.

Nachdem der betreffende Fachtext auf diese Weise durchgegangen worden ist, sollen die wichtigsten Inhalte anschließend übersichtlich strukturiert für die Unterlagen festgehalten werden. Das kann entweder wieder in Partnerarbeit erfolgen oder gemeinsam im Unterricht als Tafelbild. Falls Partnerarbeit gewählt wird, sollten dann zur Kontrolle aber ein, zwei Übersichten von den Schüler/-innen am Overheadprojektor präsentiert und offen gebliebene Fragen besprochen werden.

Beispiele:

(1) Skript-Kooperation zum Thema *Handlungsvollmacht und Prokura*

(2) Skript-Kooperation zum Thema
Die Absatzmittler (Reisende, Handelsvertreter, Kommissionäre, Makler)

(3) Skript-Kooperation zum Thema
Kaufmannseigenschaften (Ist-, Kann-, Formkaufmann)

Didaktische Erläuterung:

Die Skript-Kooperation eignet sich besonders für klar abgrenzbare Themengebiete, die überwiegend sachliche „Lerninformationen" enthalten. Durch diese Form der Bearbeitung müssen sich die Schüler/-innen paarweise sehr selbstständig mit den Inhalten auseinandersetzen. Die methodenimmanente „Kontrollfunktion" des jeweiligen Partners soll dabei die Gefahr mindern, dass Informationen falsch verstanden werden. Außerdem sollen die Lernenden sich darin üben, gelesene Informationen aus Fachtexten möglichst komprimiert wiedergeben zu können.

Um sicherzustellen, dass alles richtig verstanden wurde, sollte am Ende der Skript-Kooperation bzw. nach der (gemeinsamen) Strukturierung der Inhalte immer eine Lernerfolgskontrolle stattfinden.

Evtl. ist es bei dieser Methode sinnvoll, gute und leistungsschwächere Schüler/-innen jeweils so zu mischen, dass ein stärkerer Lernender mit einem schwächeren zusammenarbeitet, damit die Kontrollfunktion auch gewahrt bleiben kann.

Materialien:

Vorbereitete Informationstexte

Zeitaufwand:

Ca. 1 Unterrichtsstunde

Literaturhinweis:

Fritz Klauser (1998), S. 280

2.2.11 Informationstexte strukturieren

Zielsetzung:

Selbstständige Wissensaneignung fördern; genaues Lesen üben; zentrale Aussagen herausfiltern können; logische Zusammenhänge verdeutlichen können.

Ablauf:

Die Schüler/-innen erhalten von der Lehrkraft einen vorbereiteten, gut strukturierten Informationstext zu einem Themenbereich. Sie sollen ihn genau lesen und anschließend entweder in Einzel- oder Partnerarbeit ein übersichtliches, knappes Schaubild mit den wichtigsten Informationen dazu erstellen. Während der Bearbeitungsphase geht die Lehrkraft herum und schaut sich die Schaubilder an. Ein ausgewählter Schüler soll dann seine Struktur auf Folie kopieren und am OHP vorstellen. Der Rest der Klasse vergleicht das Schaubild mit der eigenen Übersicht, stellt gegebenenfalls Fragen dazu und korrigiert oder ergänzt falsche bzw. fehlende Inhalte.

Beispiele:

(1) Informationstext zum Thema *Lieferungsverzug*[1] strukturieren

Der Kaufvertrag verpflichtet den Lieferer, die Ware rechtzeitig zum vertraglich vereinbarten Termin – also bei Fälligkeit – zu liefern. Kommt er dieser Pflicht nicht nach, liegt Lieferungsverzug vor. Der Lieferer muss jedoch an dieser Pflichtverletzung selbst Schuld sein. Unter Verschulden versteht man fahrlässige oder vorsätzliche Handlungen. Falls er z. B. wegen höherer Gewalt unschuldig ist, muss er dies beweisen können.

Außerdem ist eine Mahnung des Käufers notwendig, um den Lieferer rechtlich in Lieferungsverzug zu setzen. Wenn der Liefertermin jedoch nach dem Kalender festgelegt (z. B. „bis Ende März", „in der 9. KW") bzw. bestimmbar ist (z. B. „3 Tage nach Abruf", „innerhalb von 1 Woche nach Bestelleingang"), entfällt die Pflicht zur Mahnung. Dasselbe gilt für das so genannte „Fixgeschäft", bei dem die Lieferung exakt an einem bestimmten Tag geliefert werden soll – festgehalten durch vertragliche Zusätze wie „Lieferung genau am...", „Lieferung am ... fix". Auch wenn ein „Zweckkauf" vorliegt, wie z. B. ein Hochzeitsbuffet, muss nicht extra gemahnt werden, denn hier ist auch klar, dass die Lieferung nur an dem einen bestimmten Tag Sinn macht. Setzt der Lieferer sich selbst in Verzug indem er von sich aus einen kalendermäßig vereinbarten Liefertermin absagt und einen neuen nennt – oder verweigert er sogar endgültig die Lieferung, entfällt eine Mahnung ebenso.

Sind alle Voraussetzungen erfüllt, befindet sich der Lieferer in Lieferungsverzug und der Käufer kann seine Rechte geltend machen. So kann er z. B. weiterhin auf die Lieferung bestehen. Entsteht dem Käufer durch die verspätete Lieferung ein Schaden, z. B. dass er als Händler seinerseits die Lieferpflicht nicht rechtzeitig erfüllen kann und eine Vertragsstrafe zahlen muss, hat der Verkäufer diesen entstandenen Verzögerungsschaden zu ersetzen. Der Käufer kann aber auch vom Vertrag zurücktreten – wenn er dem Lieferer vorher eine angemessene Nachfrist gesetzt hat. Handelt es sich um einen Fix- oder Zweckkauf, ist eine Nachfristsetzung jedoch nicht nötig. Auch wenn der Lieferer von sich aus sagt, dass er erst viel später als vereinbart oder sogar gar nicht mehr liefern kann, muss der Käufer keine Nachfrist setzen sondern kann gleich vom Vertrag zurücktreten.

Zusätzlich zum Rücktritt kann der Käufer gegebenenfalls auch noch Schadensersatz statt der Leistung beim Lieferer geltend machen. Dies ist z. B. dann möglich, wenn man sich die dringend benötigte Ware bei einem anderen Lieferer zu einem höheren Preis beschaffen muss, also einen so genannten „Deckungskauf" vornimmt.

---

[1] Beispiel aus: Brecker (2008), S. 29

7 Brecker, Bausteine – ISBN 978-3-8120-0394-0

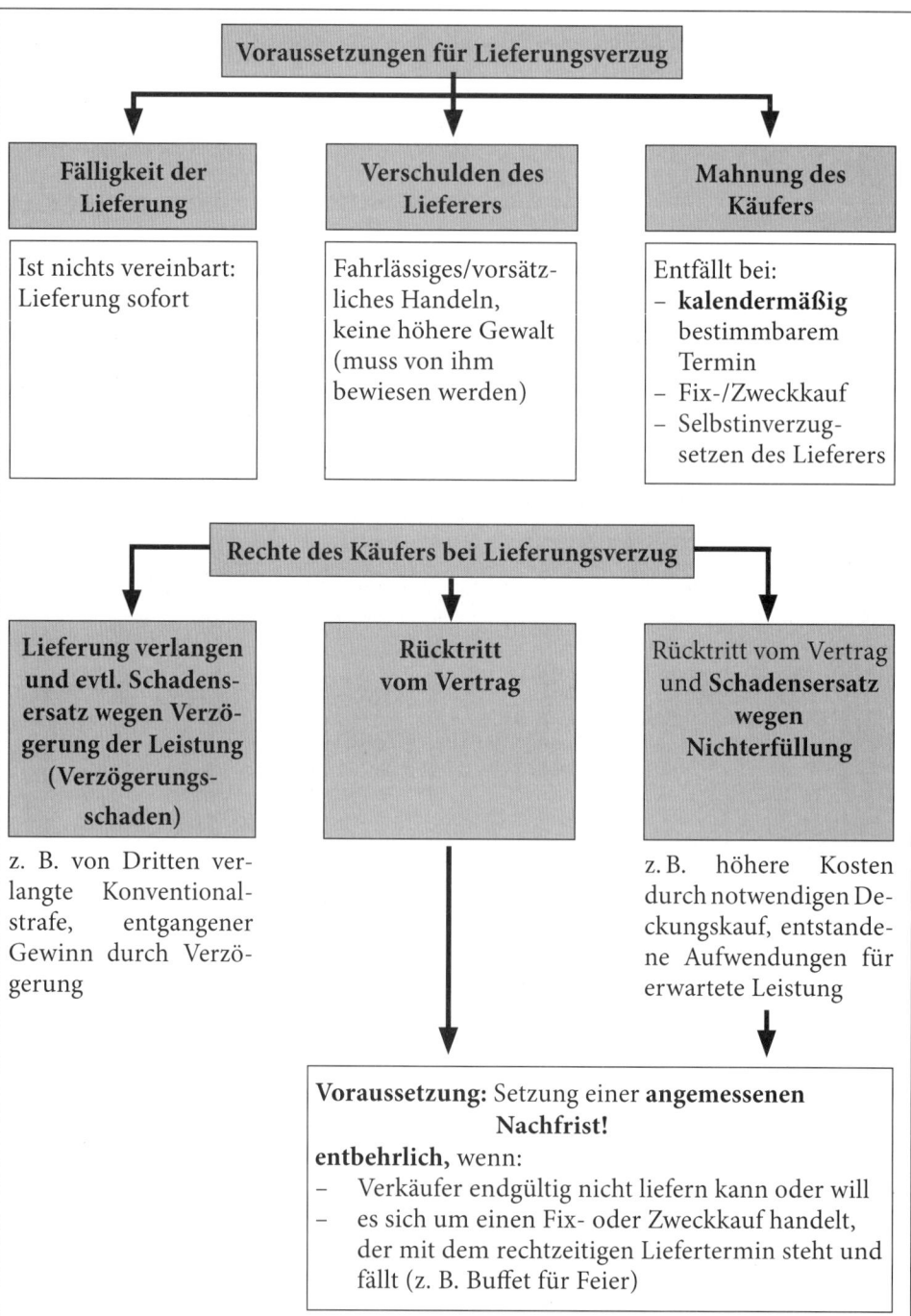

Voraussetzungen für Lieferungsverzug

Fälligkeit der Lieferung	Verschulden des Lieferers	Mahnung des Käufers
Ist nichts vereinbart: Lieferung sofort	Fahrlässiges/vorsätzliches Handeln, keine höhere Gewalt (muss von ihm bewiesen werden)	Entfällt bei: – **kalendermäßig** bestimmbarem Termin – Fix-/Zweckkauf – Selbstinverzugsetzen des Lieferers

Rechte des Käufers bei Lieferungsverzug

Lieferung verlangen und evtl. Schadensersatz wegen Verzögerung der Leistung (Verzögerungsschaden)	Rücktritt vom Vertrag	Rücktritt vom Vertrag und **Schadensersatz wegen Nichterfüllung**
z. B. von Dritten verlangte Konventionalstrafe, entgangener Gewinn durch Verzögerung		z. B. höhere Kosten durch notwendigen Deckungskauf, entstandene Aufwendungen für erwartete Leistung

Voraussetzung: Setzung einer **angemessenen Nachfrist!**
entbehrlich, wenn:
– Verkäufer endgültig nicht liefern kann oder will
– es sich um einen Fix- oder Zweckkauf handelt, der mit dem rechtzeitigen Liefertermin steht und fällt (z. B. Buffet für Feier)

(2) Informationstext zum Thema *Grundbegriffe der Marktforschung* strukturieren

Um die Instrumente des Marketing-Mixes gestalten zu können, muss ein Unternehmen sich zuerst Informationen über den jeweiligen Teilmarkt (z. B. über den Markt für Büromöbel) beschaffen. Das Ergebnis dieser Marktuntersuchung ist dann die Beschreibung des Teilmarkts.

Es gibt unterschiedliche Arten der Marktuntersuchung, die sich auf verschiedene Bereiche beziehen können. So kann man z. B. den Bedarf der Nachfrager beschreiben (Wer? Was? Wie viel? Warum? Auf welchem Weg? etc.) – oder man untersucht die Konkurrenz auf dem Markt mit ihrem schon vorhandenen Angebot.

Wenn eine Marktuntersuchung unsystematisch erfolgt, man also nur durch Zufall und unregelmäßig (z. B. in einem Gespräch mit Kunden oder beim Besuch einer Messe) etwas über den Teilmarkt erfährt, so wird dies Markterkundung genannt. Wenn man dagegen ganz geplant und systematisch Informationen sammelt, spricht man von Marktforschung. Zwei Teilbereiche werden bei der Marktforschung unterschieden:

- Insbesondere vor Einführung neuer Produkte werden oft so genannte Marktanalysen erstellt, die systematisch einen Teilmarkt zu einem bestimmten Zeitpunkt analysieren.

- Allerdings sollten solche zeitpunktbezogenen Analysen durch laufende Marktbeobachtungen ergänzt werden, die Strukturveränderungen von Teilmärkten durch eine Überwachung für längere Zeiträume herausarbeiten.

Sowohl Marktanalysen als auch Marktbeobachtungen können von einer unternehmenseigenen Marktforschungsabteilung durchgeführt oder bei speziellen Marktforschungsinstituten in Auftrag gegeben werden.

Da Unternehmen an zukunftsbezogenen Erkenntnissen interessiert sind, um aufgrund dieser Daten ihre Absatzpolitik „richtig" und erfolgreich gestalten zu können, müssen zukünftige Entwicklungen (modische Trends, Konjunkturveränderungen, saisonale Einflüsse,...) berücksichtigt werden. Diese auf der Marktanalyse und Marktbeobachtung aufbauende Markforschung, die in der Zukunft liegende mögliche Werte und Zustände beschreibt, nennt man Marktprognose.

Beispielhafte Musterlösung:

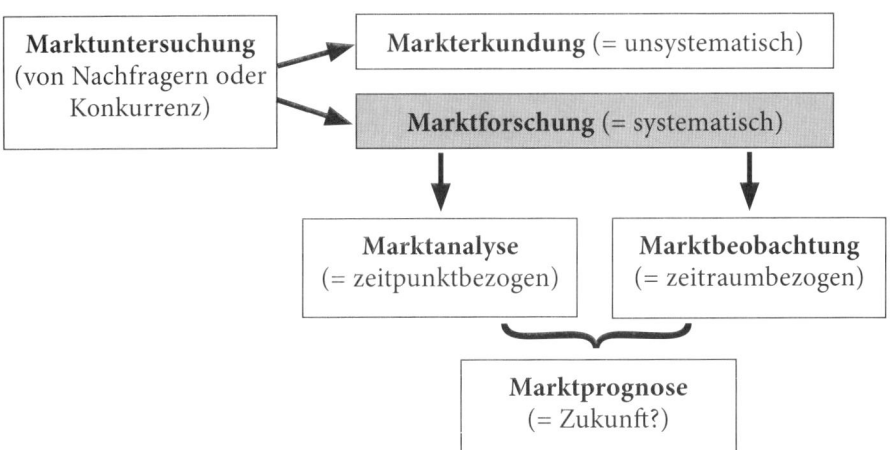

Didaktische Erläuterung:

Informationstexte zu strukturieren ist eine anspruchsvolle, aber auch sehr effektive Methode um sich theoretische Inhalte anzueignen. Die Schüler/-innen erhalten dabei alle wichtigen Informationen, die sie für das Thema benötigen, in einem Fließtext – und sind durch die Strukturierungsaufgabe gezwungen, sich sehr intensiv mit diesen Informationen auseinanderzusetzen. Das Erstellen eines Schaubildes fördert somit das genaue Lesen und das logische Denken in Zusammenhängen. Wichtig ist allerdings, dass der Text verständlich verfasst und sehr strukturiert aufgebaut ist. Dann haben anschließend fast alle Schüler/-innen ein annähernd gleiches Ergebnis. Ansonsten tun sich vor allem schwächere Schüler/-innen erfahrungsgemäß eher schwer mit dem Erstellen eigener Übersichten. In diesem Fall sollten die Informationstexte anfangs eher kurz gehalten sein und die Partnerarbeit als Sozialform gewählt werden.

Es ist als Variante auch möglich, bereits von der Lehrkraft vorgegebene Übersichten mit Leerstellen (vgl. dazu die Methode „Übersichten ausfüllen") zu verwenden, sodass die Schüler/-innen zentrale Begriffe aus dem Informationstext nur noch dort einfügen müssen. Für den Aufbau einer umfassenden Methodenkompetenz bei den Lernenden ist es allerdings sinnvoll, sie auch regelmäßig eigene Übersichten anfertigen zu lassen.

Materialien:

gut strukturierte Informationstexte

Zeitaufwand:

ca. 1 Unterrichtsstunde

2.2.12 Comic-Fachgespräche

Selbstständige Wissensaneignung fördern; Arbeit mit dem Fachbuch üben; Gelesenes mit eigenen Worten wiedergeben können; Kreativität fördern.

Ablauf:

Die Lehrkraft verteilt ein Arbeitsblatt, auf dem zwei oder mehrere Personen im Comicstil mit Sprechblasen ein Fachgespräch führen. Dabei fehlen in den Sprechblasen teilweise die Textpassagen. Die Schüler/-innen sollen nun mit Hilfe ihres Lehrbuches die Sprechblasen passend ausfüllen, sodass ein vollständiges und logisches Gespräch der Comicfiguren entsteht. Die Erarbeitungsphase sollte in Einzel- oder Partnerarbeit erfolgen.

Zur Kontrolle bietet sich dann ein Minirollenspiel an, bei dem die Schüler/-innen als handelnde Personen vor der Klasse das Gespräch simulieren. Man sollte das mit zwei bis drei unterschiedlichen Paaren durchspielen, um Gemeinsamkeiten und Unterschiede bei den Antworten herauszufinden. Abweichungen werden dann im Plenum thematisiert und gegebenenfalls korrigiert. Anschließend macht es eventuell Sinn, die zentralen Inhalte noch einmal in einer übersichtlichen Struktur zusammenzufassen.

Beispiele:

(Hinweis: Die von den Schüler/-innen einzutragenden Inhalte sind jeweils fett-kursiv abgedruckt!)

(1) Comic-Fachgespräch zum Thema *Kaufmannseigenschaften*

Hey Gerlind, schön dich mal wieder zu sehen! Sag' mal, Du hast doch auch letzte Woche Abschlussprüfung gehabt, oder? Dann sind wir ja jetzt beide so richtige „Kaufleute" – klingt doch cool, oder?

Hallo Tom, stimmt, ich habe gerade meine Prüfung zur Kauffrau für Marketingkommunikation bestanden – und das gar nicht mal so schlecht (*hüstel...*). Trotzdem würde ich jetzt nicht behaupten, dass wir so „richtige" Kaufleute sind, zumindest nicht nach HGB. Dafür müssten wir ...
schon ein Handelsgewerbe mit kaufmännisch eingerichteten Geschäftsbetrieb führen.

Echt, das wusste ich gar nicht... Wäre ich denn Kaufmann nach HGB, wenn ich als freier Mitarbeiter in meiner Ausbildungsfirma ab und an neben meinem Studium der angewandten Freizeitwissenschaften aushelfen würde?

Nein, auch nicht, denn Du betreibst dann ja immer noch kein eigenes Handelsgewerbe. Dafür müsstest Du als Selbstständiger nach außen hin auftreten – und zwar dauerhaft. Außerdem müsstest Du eine Gewinnerzielungsabsicht haben.

O.k., verstanden! Und wie sieht es mit Dir aus? Du wolltest Dich doch immer mit einer eigenen Werbeagentur selbstständig machen, oder? Sind die Pläne noch aktuell?

Ja klar, meine Freundin Cordula und ich stecken mitten in der Planung. Wir wollen zu zweit erst mal klein anfangen und haben schon ein Zimmer in einem Gemeinschaftsbüro gemietet. Drei, vier Aufträge sind auch schon fast klar...

Wow, klingt nicht schlecht! Ich will ja nicht nerven mit meinem Kaufmann, aber DANN wärst Du doch jetzt wirklich einer, oder?

Naja, ...
kann man so auch nicht sagen, denn zunächst einmal würden wir garantiert nur als Kleingewerbe eingestuft werden, weil wir ja noch keinen in kaufmännischer Weise eingerichteten Geschäftsbetrieb haben. Wir könnten uns allerdings als Kannkaufmann freiwillig ins Handelsregister eintragen lassen – oder gründen gleich eine GmbH, dann sind wir auf jeden Fall Kaufleute!

Und welche Konsequenzen hätte eine Eintragung für Euch?

Ganz schön viele! Wenn man Kaufmann ist
muss man z. B. ...
*eine ordnungsgemäße Buchführung haben und jährlich eine Inventur
bzw. Bilanz erstellen. Außerdem muss man darauf achten, dass man auf den
Geschäftsbriefen die Rechtsverhältnisse vollständig angibt.
Man muss gelieferte Ware z. B. unverzüglich auf Mängel
kontrollieren und....*

Puh, klingt nach viel Aufwand! Das wäre mir ja zu anstrengend!
Welche VORTEILE hätte denn eine Eintragung als Kaufmann für Euch?

Wir könnten z. B. ...
*Zweigniederlassungen unter unserem Namen
errichten, Prokura erteilen, ausstehende Forderungen sofort
verzinsen und wir genießen als eingetragenes Unternehmen
auch Markenschutz. Außerdem denke ich, wirkt eine ins Handelsregister
eingetragene Werbeagentur nach außen hin bestimmt seriöser
als eine nicht eingetragene!*

Äh, ja, ich glaube, nun schwirrt mir der Kopf ein
bisschen von den vielen Infos zum Kaufmann... Muss das immer
alles so kompliziert sein? Aber ich muss jetzt auch weg, weil ich ...
noch ein Blinddate mit einer Unbekannten habe!

Ach, SO schlimm ist es gar nicht!
Ich mach' Dir mal `ne Zeichnung, dann verstehst
auch Du das.... Aber jetzt muss ich los – Cordula und ich haben heute noch ...
einen wichtigen Termin bei einem potenziellen Geldgeber!

Quelle der Gesichter: www.face4you.net

(2) Comic-Fachgespräch zum Thema *Rechtsformen der Unternehmen*

Möglicher Gesprächsinhalt: Zwei Leute wollen sich gemeinsam selbstständig machen – z. B. Gerlind und Cordula mit ihrer Werbeagentur aus dem obigen Gespräch – und sie unterhalten sich über die Vor- und Nachteile der verschiedenen Gesellschaftsformen.

(3) Comic-Fachgespräch zum Thema *Mangelhafte Lieferung*

Möglicher Gesprächsinhalt: Eine Schülerin hat sich einen PC per Internet bestellt und ist nun mit diversen Mängeln konfrontiert. In der Unterhaltung mit einem Freund kommen die Unterschiede in den Mängelarten sowie die Rechtsansprüche, welche sie hat, zur Sprache.

Didaktische Erläuterung:

Comic-Fachgespräche sind eine gute Möglichkeit, die Schüler/-innen Wissensinhalte selbst erarbeiten zu lassen. Das Umformulieren in wörtliche Rede fördert das Verstehen und verhindert, dass der Schulbuchtext einfach abgeschrieben werden kann. Die Lehrkraft sollte im Vorfeld auch ausdrücklich darauf hinweisen, dass beim Ausfüllen der Sprechblasen das Formulieren mit eigenen Worten gefordert ist. Durch einen bereits vorgegebenen lockeren Stil der vorhandenen Textpassagen fällt dies den Schüler/-innen eventuell etwas leichter. Es können an einigen geeigneten Stellen zur Auflockerung des Comic-Gesprächs auch Textpassagen fehlen, die nur die Kreativität der Schüler/-innen erfordern und nichts mit den Unterrichtsinhalten zu tun haben.

Man könnte die Fachgespräche auch in reiner Dialogform ohne Sprechblasen und Comicfiguren ausfüllen lassen. Das wirkt dann aber „trockener" und ist nicht so nett anzuschauen. Außerdem kann man im Internet z. B. unter *www.face4you.net* ganz leicht viele verschiedene Gesichter mit umfangreichem Minenspiel zusammenklicken und diese kostenlos in die eigene Datei hineinkopieren, sodass die graphische Gestaltung des Arbeitsblattes nicht schwierig ist.

Materialien:

vorbereitete Comic-Fachgespräche, Fachbuch

Zeitaufwand:

ca. 1 Unterrichtsstunde

2.2.13 Fallfragen

Selbstständige Wissensaneignung fördern; theoretische Inhalte anwenden können; Praxisbezug schaffen; Präsentationsfähigkeiten trainieren; Teamfähigkeit fördern.

Ablauf:

Die Lehrkraft verteilt ein Arbeitsblatt, auf dem entweder vorab eine kurze, fiktive Ausgangssituation beschrieben ist und anschließend mehrere Fragen dazu – oder es werden voneinander unabhängige kurze Fallfragen geschildert. Diese sollen die Schüler/-innen nun selbstständig mit Hilfe ihres Fachbuches oder ausgeteilter Informations- bzw. Gesetzestexte beantworten. Als Sozialform bietet sich Partnerarbeit an. Bereits während der Bearbeitungsphase werden an ausgewählte Schüler/-innenpaare Folien verteilt, auf denen sie ihre Ergebnisse zu einzelnen Aufgaben festhalten sollen. Zur Besprechung der Inhalte wird dann jede Fallfrage von einem Schüler/-innenpaar präsentiert und die Mitschüler/-innen sollen jeweils kontrollieren, ob deren Antworten richtig sind bzw. noch ergänzt werden könnten. Das wird innerhalb der Klasse diskutiert. Wenn dann noch Unsicherheiten bestehen, hilft die Lehrkraft.

Beispiele:

(1) **Fallfragen zum Thema:** *Handlungsvollmacht und Prokura*

Ausgangssituation: Sie sehen nachfolgend das Organigramm des mittelständischen Münchener Büromöbelherstellers „ErgoPassForm GmbH":

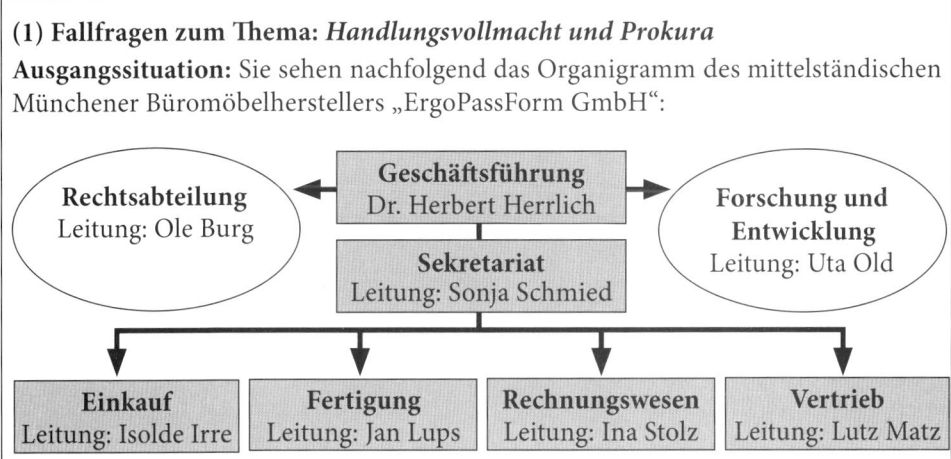

Weil die Geschäfte besser laufen als erwartet, ist Dr. Herbert Herrlich häufig im Außendienst unterwegs. Als Ein-Mann-GmbH, in der er gleichzeitig Gesellschafter und Geschäftsführer ist, will er die Neukundenkontakte im süddeutschen Raum möglichst selbst betreuen. Leider ist in der Vergangenheit während seiner Reisen einiges in der Münchener Firma liegen geblieben, wenn er nicht vor Ort war um wichtige Entscheidungen zu treffen. Diese Situation soll in Zukunft vermieden werden.

Deshalb erteilt er kurzerhand seiner langjährige Mitarbeiterin und Einkaufsleiterin Isolde Irre Einzelprokura und ernennt gleichzeitig den Vertriebsleiter Lutz Matz zum Generalhandlungsbevollmächtigten.

> **Bearbeitungshinweis:** *Lösen Sie die folgenden Aufgaben zur Ausgangssituation mit Hilfe des AWL-Buches in Partnerarbeit. Halten Sie die Ergebnisse für Ihre Unterlagen fest. Jeder soll zum Schluss alle Fragen schriftlich aufgezeichnet haben!*

Arbeitsauftrag 1:
Klären Sie zunächst, inwiefern sich diese beiden Vollmachtsarten in ihrem Umfang grundsätzlich voneinander unterscheiden.

Arbeitsauftrag 2:
Dr. Herbert Herrlich hat im Vorfeld mit seinem besten Freund aus Studientagen – Marco Micker – besprochen, ob Isolde Irre auch tatsächlich die Richtige für eine Prokura ist. Welche Voraussetzungen sollte ein idealer Prokurist Ihrer Meinung nach mitbringen?

Arbeitsauftrag 3:
Marco Micker schlägt Herbert Herrlich vor, aus Sicherheitsgründen doch lieber eine Gesamtprokura an Isolde Irre und noch jemand anderen zu erteilen. Was spricht dafür, was dagegen?

Arbeitsauftrag 4:
Entscheiden Sie bei folgenden Rechtshandlungen, ob diese dem allgemein Handlungsbevollmächtigten Lutz Matz (HV) bzw. der Prokuristin Isolde Irre (P) ohne spezielle Sondervollmacht erlaubt (+) oder verboten (-) sind.

	HV	P		HV	P
Einstellung eines Arbeiters	+	+	Handelsregistereintragung anmelden		
Erteilung von allgemeiner HV	*etc.*		Kauf von Aktien für 400.000,00 €		
Kauf einer Lagerhalle			Verkauf eines Grundstücks		
Bestellung von Holz und Schrauben			Artvollmacht erteilen		
Kauf eines Grundstücks			Anmeldung der Insolvenz		

Arbeitsauftrag 5:
Überlegen Sie, warum auch ein Prokurist bestimmte Rechtshandlungen eines Betriebes nicht vornehmen darf. Um welche Arten von Geschäften handelt es sich hierbei?

Arbeitsauftrag 6:
Dr. Herbert Herrlich teilt Isolde Irre in einem Gespräch mit, dass sie auf jeden Fall alle größeren finanziellen Entscheidungen vorher mit ihm besprechen soll, bevor sie irgendwelche Verträge abschließt. Dennoch nimmt Isolde eine Woche später einen Kredit bei der Bank auf, weil ihr der so sensationell zinsgünstig erscheint und der Chef für einige Tage nicht erreichbar ist. Welche rechtlichen Konsequenzen hat dieses Vorgehen im Innen- und Außenverhältnis für sie bzw. das Unternehmen?

(2) Fallfragen zum Thema *Geschäftsfähigkeit*

> ***Bearbeitungshinweis:*** *Beurteilen Sie die folgenden Fälle mit Hilfe Ihres Banknachbarn und des beiliegenden Gesetzestextauszugs. Begründen Sie Ihre Antworten jeweils kurz und geben Sie auch den entsprechenden Paragraphen mit an!*

Fall 1: Ihr wilder kleiner Bruder, der 6-jährige Salomon, entwischt Ihnen beim Babysitten in ein Geschäft, kauft dort einen Schokoriegel und isst ihn gleich gierig auf. Wie sieht die rechtliche Situation in diesem Fall aus?

Fall 2: Angenommen, Sie sind erst 17 Jahre alt und kaufen sich von Ihrer Ausbildungsvergütung ein Buch für 20,00 €. Dürfen Sie das Buch ohne weiteres kaufen?

Fall 3: Zu Weihnachten bekommen Sie (immer noch 17) von Ihrer Tante, die seit Jahren im Streit mit Ihren Eltern liegt, 200,00 € als Geschenk – und außerdem zu Ihrer großen Freude einen süßen Leguan samt Terrarium. Ihre Eltern sind extrem sauer und fordern Sie auf, sofort beide Geschenke zurückzugeben. Müssen Sie das wirklich?

Fall 4: In der Probezeit Ihrer Ausbildung werden Sie wegen zu häufigen unentschuldigten Fehlens in der Berufsschule gekündigt. Da Sie (17) nicht sofort eine neue Ausbildungsstelle finden, möchten Sie erst einmal eine Zeit lang Geld verdienen – und zwar als Sommeraushilfe beim Strandkorbverleih auf der schönen Nordseeinsel Sylt. Ihre Eltern sind einverstanden (und freuen sich auf einen ruhigen Sommer daheim...). Auf Sylt angekommen mieten Sie sich ein kleines Zimmer und unterschreiben den Mietvertrag. Ist der damit gültig?

Fall 5: Leider hat Ihr Vater während des Sommers einen Unfall. Er muss längere Zeit im Krankenhaus bleiben und anschließend zur Kur. Ihre Eltern wollen, dass Sie (nach wie vor 17) nun dauerhaft den elterlichen Andenkenladen im Herzen von München übernehmen, in dem Sie schon oft gearbeitet haben. Auch Sie sind nach längerem Nachdenken einverstanden.
  a) Könnten Sie sofort die Leitung des Betriebes übernehmen?
  b) Dürften Sie eine dringend benötigte neue Kasse im Wert von 2.000,00 € für das Geschäft kaufen?
  c) Da Sie jetzt ganz gut verdienen, kaufen Sie sich nach zwei Monaten einen Vespa-Roller für 5.000,00 €. Dürfen Sie den Kaufvertrag dazu abschließen?

Fall 6: Endlich ist es so weit: Sie werden 18 und feiern eine rauschende Geburtstagsparty unter dem Motto „Endlich frei und weise!" – auf der Sie ziemlich angetrunken Ihr nagelneues, vertragsfreies Handy für eine Flasche Champagner an eine Bekannte verkaufen. Die anderen Partygäste sind Zeuge. Am nächsten Tag bereuen Sie das und wollen Ihr Handy zurück haben. Gibt es eine Chance für Sie?

Didaktische Erläuterung:

Fallfragen sind im Gegensatz zu klassischen Fallstudien, die meist recht umfangreich sind, von der Lehrkraft einfach vorzubereiten und auch in einzelnen Unterrichtsstunden gut einsetzbar. Sie bieten den gleichen Vorteil wie „große" Fallstudien, weil sich die Schüler/-innen selbstständig mit ihrem Buch oder ausgeteilten Texten bzw. Gesetzen beschäftigen können und die gelesenen Wissensinhalte auf praktische Fälle anwenden müssen. Auch problematisierende Fragen bieten sich dabei an.

Die Beantwortung von Fallfragen fördert die Lernmotivation erfahrungsgemäß stärker als Theoriefragen. Indem man die Schüler/-innen als handelnde Personen direkt anspricht, kann die Motivation noch verstärkt werden.

Wichtig bei dieser Erarbeitungsmethode ist, dass die Schüler/-innen ihre Ergebnisse auch selbst präsentieren müssen. Somit sind alle gefordert, aktiv mitzuarbeiten, exakt zu formulieren und verständlich zu erklären. Die Lehrkraft kann deshalb z. B. auch erst gegen Ende der Bearbeitungsphase bestimmen, wer präsentieren muss und dann die Folien verteilen.

Nach der Präsentation und Besprechung der Inhalte bietet es sich an, die wichtigsten Unterrichtsinhalte noch einmal in einer abschließenden Übersicht zu systematisieren. Das dient der Wissensfestigung und erleichtert den Schüler/-innen später das Lernen.

Materialien:

vorbereitete Fallfragen, Fachbuch/Gesetzestextauszüge/Informationsmaterial o. Ä.

Zeitaufwand:

ca. 1 Unterrichtsstunde

2.2.14 Übersichten ausfüllen

Zielsetzung:

Selbstständige Wissensaneignung fördern; übersichtliche Darstellung des Wissens; Kooperationsfähigkeit stärken; Gespür für Zusammenhänge von Detailwissen bekommen.

Ablauf:

Die Lehrkraft erstellt eine grafische Übersicht über die zentralen Begriffe einer Unterrichtseinheit. In der Übersicht werden einige Hilfestellungen vorgegeben, aber die meisten Kästchen/Tabellenzeilen sind noch leer und sollen von den Schüler/-innen entweder selbstständig mit Hilfe ihres Fachbuches bzw. anderen Informationsmaterials ausgefüllt werden- oder die einzutragenden Begriffe sind vom Lehrer bereits vorgegeben, müssen aber noch in die Übersicht eingeordnet werden. Als Sozialform bietet sich dazu Partnerarbeit an. Anschließend wird die vollständige Übersicht von den Schüler/-innen selbst präsentiert oder es findet eine gemeinsame Besprechung im Unterricht statt.

Beispiele:

(Hinweis: Die von den Schüler/-innen einzutragenden Inhalte sind in den folgenden Darstellungen jeweils fett-kursiv abgedruckt!)

(1) Übersicht zum Thema *Vertragsarten*[1] ausfüllen

> **Bearbeitungshinweis:** *Füllen Sie die nachfolgende Tabelle mit Hilfe des AWL-Buchs und Ihres Banknachbarn vollständig aus.*

Situation	Vertragsart	Vertragsinhalt
Sie bestellen für Ihren Ausbildungsbetrieb, die Creationis GmbH, neues Kopierpapier.	*Kaufvertrag*	*Übereignung einer Sache gegen Geld*
Die Creationis GmbH beauftragt ein IT-Unternehmen zur Programmierung eines Softwareprogramms.	*Werkvertrag*	*Erstellung eines Werkes auf Bestellung des Kunden gegen Entgelt – mit Erfolgsgarantie (!)*
Sie gehen zur Krankengymnastik, weil Sie von der PC-Arbeit Rückenschmerzen haben.	*Dienstvertrag*	*Entgeltliche Dienstleistung, d. h. eine Arbeitsleistung. Ein durch Arbeitsleistung erzielter Erfolg wird nicht versprochen.*
Der Geschäftsführer der Creationis GmbH benötigt auf einer Geschäftsreise ein Auto und bucht es für die Zeit bei „Sixt".	*Mietvertrag*	*Entgeltliche Überlassung von Sachen zum Gebrauch.*

---

[1] Beispiel aus: Brecker (2008), S. 62

Situation	Vertragsart	Vertragsinhalt
Sie haben Ihre Kaugummis vergessen. Eine Kollegin überlässt Ihnen eine ganze Packung – die Sie ihr am nächsten Tag zurückgeben wollen.	*Darlehens-vertrag*	*Entgeltliche oder unentgeltliche Überlassung von Geld oder anderen vertretbaren Sachen zum Gebrauch – Rückgabe gleichartiger, aber anderer Sachen.*
Schusselig wie Sie sind, haben Sie auch die Jacke im Auto vergessen. Ihre nette Kollegin überlässt Ihnen ihre für den Mittagspausenspaziergang.	*Leihvertrag*	*Unentgeltliche Überlassung von Sachen zum Gebrauch – Rückgabe derselben Sache.*
etc.		

(2) Übersicht zum Thema *Ablauf eines Beschaffungsprozesses*[1] ausfüllen

Bearbeitungshinweis: *Bringen Sie folgende durcheinander geratenen Tätigkeiten eines Beschaffungsprozesses in eine sinnvolle Reihenfolge! Beraten Sie sich dazu mit Ihrem Banknachbarn.*

Überwachen des Liefertermins – Zahlung der Lieferantenrechnung – Bedarfsmeldung/-feststellung – Preise und Bedingungen verhandeln – Anfrage stellen – Buchung der Lieferantenrechnung – Lieferantenwahl – ggf. Meldung von Beanstandungen – Angebotsvergleich – Lieferantensuche – Bestellung – Warenannahme – Rechnungsprüfung – Qualitätsprüfung der Ware

Schritt	Tätigkeit
1	*Bedarfsmeldung /-feststellung*
2	*Lieferantensuche*
3	*Anfrage stellen*
4	*Angebotsvergleich*
5	*evtl. Preise und Bedingungen verhandeln*
6	*Lieferantenwahl*
7	*Bestellung*
8	*Überwachen des Liefertermins*
9	*Warenannahme*
10	*Qualitätsprüfung der Ware*
11	*ggf. Meldung von Beanstandungen*
12	*Rechnungsprüfung*
13	*Buchung der Lieferantenrechnung*
14	*Zahlung der Lieferantenrechnung*

---

[1]   Beispiel aus: Brecker (2008), S. 14

(3) Übersicht zum Thema *Preiselastizität der Nachfrage* ausfüllen

> **Bearbeitungshinweis:** *Ordnen Sie folgende unsortierte Aussagen richtig in die beiliegende Tabelle zu den möglichen Ausprägungsformen der Nachfrageelastizität ein. Beraten Sie sich dabei mit Ihrem Banknachbarn und vergleichen Sie Ihre Ergebnisse anschließend mit einem anderen Mitschülerpaar.*

Nachfrage nach entbehrlichen Kulturgütern (z. B. Kino, Schmuck)	Die Nachfrage bleibt aus, sobald die Preise steigen	Anomale Nachfrage
Elastische Nachfrage	Unelastische Nachfrage	Es tritt keine Reaktion der Nachfrage auf Preisveränderungen ein
Lebensnotwendige Medikamente (z. B. Insulin)	Güter des extremen Luxusbedarfs (z. B. Diamanten, Yacht)	Eine starke Reaktion der Nachfrage auf Preisveränderungen
Nachfrage nach Grundnahrungsmitteln (z. B. Milch, Brot)	Je höher der Preis, desto interessanter wird das Gut für bestimmte Nachfrager („Snobeffekt")	Vollkommen elastische Nachfrage

Überblick: Mögliche Ausprägungsformen der Preiselastizität der Nachfrage

Kurvenverlauf	Deutung des Kurvenverlaufs	Beispiel	Bezeichnung der Elastizität der Nachfrage (NE)
P, P_1, P_0, P_2, M_{fix}, N	**Es tritt keine Reaktion der Nachfrage auf Preisveränderungen ein.**	Lebensnotwendige Medikamente (z. B. Insulin)	Vollkommen unelastische Nachfrage $NE = 0$
P, P_1, P_0, M_1 M_0, N	Die Nachfrage reagiert nur schwach auf Preisveränderungen.	Nachfrage nach Grundnahrungsmitteln (z. B. Milch, Brot)	**unelastische Nachfrage** $NE < 1$
P, P_1, P_0, M_1 M_0, N	**Eine starke Reaktion der Nachfrage auf Preisveränderungen.**	Nachfrage nach entbehrlichen Kulturgütern (z. B. Kino, Schmuck, ...)	**elastische Nachfrage** $NE \geq 1$
P, P_1, P_0, M_0, N	**Die Nachfrage bleibt aus, sobald die Preise steigen.**	Unrealistischer Extremfall	**Vollkommen elastische Nachfrage** $NE \rightarrow$ unendlich
P, P_1, P_0, M_0 M_1, N	**Je höher der Preis, desto interessanter wird das Gut für bestimmte Nachfrager („Snobeffekt").**	Güter des extremen Luxusbedarfs (z. B. Diamanten, Yacht)	**Anomale Nachfrage**

Didaktische Erläuterung:

Das Erstellen von Übersichten zu einem Unterrichtsthema und dazu passende Bearbeitungsaufträge für die Schüler/-innen ist eine für die Lehrkraft relativ leicht einzusetzende Methode bei der Themenerarbeitung. I.d.R. können auch bereits vorhandene Übersichten aus diversen Fachbüchern als Vorlage dienen. Diese Form der Erarbeitung bietet sich besonders bei Unterrichtsinhalten an, die sehr „begriffslastig" sind und sich daher weniger für offene Erarbeitungsmethoden eignen.

Vor Anwendung dieser Methode müssen meist im Vorfeld einige grundsätzliche Sachverhalte im Unterricht geklärt werden – auf die vorangegangenen Beispiele bezogen demnach die Bedeutung des Begriffes „Preiselastizität der Nachfrage" oder die allgemeinen Grundlagen des Vertragsrechts.

Das Ausfüllen von Übersichten kann sehr eng gesteuert werden durch bereits vorgegebene Begriffe, die an den richtigen Stellen eingefügt werden müssen – wie hier im Beispiel mit den Preiselastizitäten – oder etwas freier verfasst wie im 1. Beispiel mit den Vertragsarten – indem zu vorgegebenen Minifallsituationen die Theorieinhalte erst selbst erarbeitet und dann in die Übersicht eingetragen werden sollen. Als auszufüllende Übersicht eignen sich neben Tabellen auch Strukturen, wie sie z. B. bei der Methode „Informationstexte strukturieren" vorgesehen sind.

Der Vorteil dieser Methode ist in jedem Fall, dass anschließend alle Schüler/-innen eine übersichtliche Darstellung der Inhalte in ihren Unterlagen haben.

Je nach Komplexität des Unterrichtsthemas sollten die auf diese Weise erarbeiteten Inhalte anschließend durch verschiedene Übungsaufgaben und Wiederholungsmethoden im Unterricht vertieft werden.

Materialien:

Arbeitsblatt mit auszufüllender Übersicht, evtl. weiteres Informationsmaterial als Ausfüllhilfe

Zeitaufwand:

je nach Komplexität der Übersicht ca. 30 Minuten

2.2.15 Reihumfragen

Schüler/-innen zum Nachdenken aktivieren; Problembewusstsein schärfen; Kreativität fördern; Kommunikationsfähigkeit trainieren; Zentrale Aussagen zusammenfassen können; Präsentationsfähigkeit üben.

Ablauf:

Die Lehrkraft überlegt sich im Vorfeld 5-6 Fragen zu einem Unterrichtsthema – eventuell kombiniert mit einer kleinen Fallsituation – und schreibt jeweils eine Frage oben auf ein A3-Blatt. Falls die Fragen sich auf eine vorgegebene Ausgangssituation beziehen, sollte diese ebenfalls auf dem Blatt stehen. Dann werden 5-6 Gruppen gebildet. Jede Gruppe erhält eines der vorbereiteten Frageblätter und einen dicken Stift, möglichst in unterschiedlichen Farben. Alle Gruppen sollen nun ihre Frage diskutieren und die Ergebnisse in Stichworten auf dem Blatt notieren. Dafür gibt es ca. 5 Minuten Zeit. Anschließend werden die Blätter im Uhrzeigersinn eine Gruppe weitergereicht. Nun soll die neue Frage innerhalb der Gruppe besprochen und die bereits vorhandene Antwort der ersten Gruppe evtl. kommentiert werden. Die Ergebnisse werden wieder auf das Blatt geschrieben. Dann folgt der nächste Wechsel nach dem gleichen Schema – bis alle Blätter einmal herumgewandert sind und jede Gruppe wieder ihre Ausgangsfrage vor sich liegen hat.

Im nächsten Schritt präsentiert jede Gruppe die Quintessenz aller Schüler/-innenantworten zu ihrer Frage im Plenum. Die Lehrkraft sollte in jedem Fall ausdrücklich darauf hinweisen, dass jetzt eine Zusammenfassung mit eigenen Worten gefordert ist und nicht nur die gesammelten Antworten auf dem Blatt vorgelesen werden sollen. Gegebenenfalls sollen die anderen Schüler/-innen die wichtigsten Inhalte nach jeder Präsentation mitschreiben.

Beispiele:

(1) Reihumfragen zum Thema *Unternehmen in finanzieller Krise*

Ausgangssituation: Angenommen, Sie sind Betreiber der Reisebuchhandlung „hin und weg gmbh", die akute finanzielle Schwierigkeiten hat und kurz vor der Insolvenz steht. Da Ihr Herzblut an der Buchhandlung hängt, die Sie zusammen mit ein paar guten Freunden erst im letzten Jahr eröffnet haben, wollen Sie auf keinen Fall gleich aufgeben. Deshalb setzen Sie sich alle in einer Krisensitzung zusammen um die Gründe zu analysieren, die zu der aktuellen Unternehmenskrise geführt haben...

- **Frage 1:** Was könnte im Bereich der Finanzen bei der Buchhandlung schief gelaufen sein?
- **Frage 2:** Welche Ursachen im Bereich des Marketings könnten zur finanziellen Krise beigetragen haben?
- **Frage 3:** Welche Fehler wurden eventuell im Bereich Personal gemacht?
- **Frage 4:** Inwiefern könnten in der innerbetrieblichen Organisation Gründe für die Unternehmenskrise liegen?
- **Frage 5:** Welche Rolle könnten außerbetriebliche Faktoren bei der Unternehmenskrise gespielt haben?
- **Frage 6:** Inwiefern könnten die finanziellen Probleme durch den Buchhandlungsladen verursacht worden sein?

(2) Reihumfragen zum Thema: *Bedürfnisse*

- **Frage 1:** Welche Bedürfnisse können Menschen haben?
- **Frage 2:** Inwiefern hängen Bedürfnisse von der individuellen Situation des Menschen ab?
- **Frage 3:** Welche Bedürfnisse kann nur der Staat befriedigen?
- **Frage 4:** Inwiefern sind die menschlichen Bedürfnisse Dreh- und Angelpunkt des Wirtschaftens?
- **Frage 5:** Welcher Zusammenhang besteht zwischen den menschlichen Bedürfnissen und der Werbung?
- **Frage 6:** Wie sähe eine Welt aus, in der die Menschen keine Bedürfnisse hätten?

(3) Reihumfragen zum Thema: *Zahlungsverkehr*

- **Frage 1:** Welche Bedeutung hat Geld in unserer Gesellschaft?
- **Frage 2:** Wer muss was an wen zahlen?
- **Frage 3:** Auf welche Art und Weise kann man etwas bezahlen?
- **Frage 4:** Was wäre, wenn es plötzlich kein Geld mehr gäbe?
- **Frage 5:** Wie stehen Sie zur Möglichkeit einer Kreditaufnahme?
- **Frage 6:** Welche Angaben sollte ein Kreditantrag enthalten?

Didaktische Erläuterung:

Der Einsatz von Reihumfragen im Unterricht ist eine interessante Methode, um in relativ kurzer Zeit die Sicht aller Schüler/-innen zu verschiedenen Aspekten eines Themas zu sammeln. Wie die Beispiele zeigen, sollte die Fragestellung relativ weit gefasst werden und durchaus auch mal kreative Lösungen erfordern.

Die Lehrkraft sollte auf jeden Fall darauf bestehen, dass jede Gruppe irgendetwas auf den Reihumbogen schreibt, auch wenn die Schüler/-innen meinen, ihnen falle nichts Neues mehr zur Frage ein, weil schon alles von den vorherigen Gruppen beantwortet sei. Dann sollen sie die vorhandenen Antworten zumindest schriftlich kommentieren und gegebenenfalls erweitern.

Reihumfragen bieten sich sowohl am Anfang einer Unterrichtseinheit an, um bereits wesentliche Aspekte eines Themas anzusprechen, als auch zur Vertiefung bzw. Problematisierung, nachdem die Grundlagen bereits geklärt wurden. Anschließend kann mit den Ergebnissen aus den Reihumfragen im Unterricht weitergearbeitet werden, indem diese beispielsweise systematisiert oder weiter vertieft werden. Die beschriebenen A3-Blätter könnten auch für den Zeitraum des Unterrichtsthemas im Klassenzimmer ausgehängt werden, damit sie stets vor Augen bleiben.

Materialien:

5–6 vorbereitete A3-Blätter mit jeweils einer Frage darauf; genauso viele dicke Stifte unterschiedlicher Farbe; evtl. Klebeband bzw. Pinwand mit Pins

Zeitaufwand:

ca. 1 Unterrichtsstunde

Wiederholung
Ergebnissicherung

2.3   Wiederholung/Ergebnissicherung

Die Ergebnissicherung als eigenständige Phase im Unterricht soll die Verfügbarkeit der erworbenen Kenntnisse, Fähigkeiten und Fertigkeiten gewährleisten und damit die Lernresultate bei den Schüler/-innen stabilisieren. In der Regel geschieht das durch systematisches Wiederholen, Einprägen und Üben der behandelten Unterrichtsinhalte – und das idealerweise nicht nur am Ende einer Lerneinheit, sondern während des gesamten Unterrichtsprozesses als begleitende Maßnahme. Die Art und der Umfang der Ergebnissicherung hängen von mehreren Faktoren ab, wie z. B. von der gewählten Methode und der Struktur der behandelten Unterrichtsinhalte, den Lehr-Lern-Zielen, den Rahmenvorgaben und nicht zuletzt von der verfügbaren Zeit. Gerade das Zeitproblem ist oft die Hauptursache dafür, dass die Ergebnissicherung im Unterricht leicht vernachlässigt und eher auf die Hausaufgaben verlagert wird.

Allerdings hat eine unsystematische, den Schüler/-innen individuell überlassene Wiederholung zu Hause erhebliche Nachteile: Die Lehrkraft kann auf diese Weise kaum die Effektivität des Unterrichts überprüfen und erhält kein genaues Bild über den vorhandenen Wissensstand. Dadurch können angestrebte und erreichte Lernziele nur schwer verglichen und eventuell vorhandene Wissenslücken kaum geschlossen werden. Den Schüler/-innen wiederum wird die Möglichkeit genommen, verschiedene Wiederholungsmethoden kennen zu lernen, die ihnen auch beim privaten Lernen sehr nützlich sein können. Aus diesen Gründen sollte die Sicherung der Lernergebnisse soweit wie möglich in den Unterricht integriert werden.

Ein häufiges Missverständnis, welches mit dem anscheinenden Zeitproblem eng zusammenhängt, ist die Annahme, dass die Ergebnissicherungsphase im Unterricht möglichst *alles* umfassen muss, was in der betreffenden Einheit behandelt worden ist. Das widerspricht aber der Intention einer effektiven Ergebnissicherung, die vorsieht, dass nur die wesentlichen Lerninhalte im Sinne von klar definiertem, begrenztem und überprüfbarem Faktenwissen noch einmal thematisiert werden sollten.[1] Inwiefern angestrebte Schlüsselqualifikationen tatsächlich von den Schüler/-innen erworben wurden, lässt sich dagegen schlecht punktuell abfragen, sondern muss während des Lernprozesses permanent von der Lehrkraft beobachtet und analysiert werden.

Im folgenden Kapitel werden unterschiedliche methodische Verfahren zur Überprüfung des kognitiven Wissens vorgestellt. Affektive Lernergebnisse sind dagegen eher mit Methoden, wie sie in Kapitel 2.4 über die Unterrichtsauswertung dargestellt werden, feststellbar. Im Vordergrund der kognitiven Ergebnissicherungsverfahren stehen diverse Lern-Rätsel-Spiele (z. B. *Wirtschafts-Tabu*, *Wirtschafts-Outburst*, *Wirtschafts-Jeopardy*, *Dingsda*), die zur systematischen Kontrolle von Fakten- und Definitionswissen, welches gerade im kaufmännischen Bereich vorherrschend ist, besonders geeignet sind. Diese Lernspiele sind z. B. abgewandelt von bekannten Quizsendungen im TV und bieten eine abwechslungsreiche und spaßige Möglichkeit zur Wiederholung

---

[1] Vgl. Meyer (1987), S. 161 f.

von Lerninhalten. Sie können helfen, das Merken von Definitionen und Begriffen zu erleichtern sowie das Verstehen zu fördern – insbesondere, wenn die Schüler/-innen selbst die benötigten Spielmaterialien erstellen. Das spart den Lehrkräften zugleich viel an Vorbereitungsaufwand! Zusätzlich erhöhen Lernspiele die Kreativität sowie die Kommunikations- und Kooperationsfähigkeit der Schüler/-innen, da sie meistens zu zweit oder in Gruppen durchgeführt werden – also wichtige Schlüsselqualifikationen, die auch in der Berufswelt gefordert werden[1].

Kritisch anmerken sollte man an dieser Stelle jedoch, dass auch Lernspiele bzw. andere hier vorgestellte Methoden wie z. B. die *Begriffstabelle* oder die *Spiegelbildtabelle* zu einer Art Mechanisierung oder Abkürzung des Wissens führen können, wenn es bei der Wiederholung bzw. Ergebnissicherung nur um das Merken von Definitionen und Begriffen geht. Die Schüler/-innen müssen aber auch die Zusammenhänge und vor allem den Anwendungsbezug des Wissens kennen und können. Deshalb sollte die Ergebnissicherungsphase neben der Festigung wesentlicher Fachbegriffe auch diverse Übungsaufgaben – möglichst mit praktischen Fallsituationen – beinhalten, bei denen die Schüler/-innen ausführlich begründete Lösungen abgeben müssen.

---

[1] Vgl. Arndt / Brümmer / Dageförde u.a. (1994), S. 47

2.3.1 Wirtschafts-Tabu

Spielerische Wiederholung wirtschaftlicher Fachbegriffe; Zusammenhänge erkennen; Förderung der Kreativität und Fantasie; Schnelligkeit trainieren; Fähigkeit zu möglichst präzisem Beschreiben trainieren.

Ablauf:

Die Klasse wird in zwei gleich große Gruppen A und B aufgeteilt. Team A beginnt, indem der erste Sprecher nach vorne kommt und dort einen Stapel Karten erhält, auf denen jeweils ein wirtschaftlicher Oberbegriff steht sowie vier damit verwandte Unterbegriffe. Die Gruppe A muss nun versuchen, möglichst viele Begriffe zu erraten, indem ihr Sprecher diese erklärt, *ohne* die darunter stehenden Begriffe oder Teilwörter daraus zu verwenden! Errät ein Teammitglied anhand der Umschreibungen den jeweils gesuchten Begriff, erhält die Gruppe einen Punkt und darf so lange weiterraten, bis eine zu Beginn der Raterunde aufgestellte Sanduhr oder Stoppuhr durchgelaufen ist (1–2 Minuten Zeit). Anschließend beginnt eine neue Raterunde, diesmal für die Gruppe B.

Damit das gegnerische Team kontrollieren kann, ob die verbotenen Begriffe auch tatsächlich nicht benutzt werden, schaut jeweils ein Mitspieler von Team B dem Sprecher von Team A über die Schulter bzw. umgekehrt beim Raterundenwechsel. Wird der gegnerische Sprecher doch bei der Verwendung eines „Tabubegriffs" ertappt, drückt der Kontrolleur auf eine Hupe oder ruft laut „TABU" und sein eigenes Team erhält einen Punkt. Auch wenn Team A einen Begriff weitergibt, weil er nicht erraten wird, erhält Team B den Punkt. Sieger ist das Team, welches zuerst eine vorher festgelegte Punktanzahl erreicht hat (z. B. 30 Punkte) oder es wird so lange gespielt, bis jeder aus der Klasse einmal Sprecher war und dann zählt die Endpunktzahl beider Gruppen.

Beispiele:

(1)

> **Ausbildungsvertrag**
> Lehrling
> Unternehmen
> unterschreiben
> Gesetz

Der Begriff „*Ausbildungsvertrag*" muss erklärt und geraten werden, ohne die Begriffe „*Lehrling*", „*Unternehmen*", „*unterschreiben*" oder „*Gesetz*" zu nennen. Eine mögliche Umschreibung wäre: **Ein Schriftstück, das die gegenseitige Übereinstimmung mit einer beruflichen Anfangssituation dokumentiert.** Oder: **So'n Wisch, wo du deinen Wilhelm runtersetzen musst, damit du anfangen darfst, arbeiten zu lernen.**

Nicht erlaubt ist dagegen: „**Arbeitsvertrag für Berufsneulinge**". In dieser Umschreibung ist „Vertrag" mit enthalten und das ist tabu, weil es einen Wortteil der nicht zu nennenden Begriffe darstellt! In dem Fall erhält das gegnerische Team einen Punkt und freut sich....

(2)

> **Kaufvertragsstörungen**
> Lieferungsverzug
> Mangelhafte Lieferung
> Annahmeverzug
> Zahlungsverzug

Hier soll der Begriff „Kaufvertragsstörungen" erklärt werden, ohne sie wörtlich zu benennen...

Didaktische Erläuterung:

Diese Variante des bekannten temporeichen Gesellschaftsspiels „Tabu" kann gut als witziges Lernspiel zur Wiederholung wirtschaftlicher Begriffe und Zusammenhänge eingesetzt werden. Es fördert zusätzlich wichtige Fähigkeiten wie Kreativität, Fantasie und schnelles Denken. Außerdem ist es eine tolle Auflockerung zwischendurch oder am Ende eines langen Schultages. Der Fantasie und Ausdrucksfähigkeit der Schüler/ -innen sollten dabei keine Grenzen gesetzt werden. Oft sind umgangssprachliche und witzige Umschreibungen leichter zu erraten als wirtschaftlich exakte Definitionen.

Ansonsten kann man Wirtschafts-Tabu als einfachere Variante auch einmal „andersrum" spielen, indem die auf der Karte genannten Unterbegriffe ausdrücklich benutzt werden können, um den fett gedruckten Oberbegriff zu erklären.

Die Vorbereitung der Karten erfordert zwar von der Lehrkraft einen erheblichen Aufwand, aber wenn sie erst einmal – auf möglichst strapazierfähiger Pappe oder am besten sogar laminiert – erstellt worden sind, kann man sie lange benutzen. Als eine gute Wiederholungsübung kann man die Karten auch im Unterricht von den Schülern selbst erstellen lassen.

Materialien:

Spielkarten in möglichst großer Anzahl (mindestens 50), evtl. Trillerpfeife oder Hupe, Sanduhr mit 1 Minute Durchlauf oder Stoppuhr, Stift und Zettel oder Kreide und Tafel (zum Festhalten der Ergebnisse)

Zeitaufwand:

ca. 30 Minuten

2.3.2 Wirtschafts-Outburst

Spielerische Wiederholung wirtschaftlicher Fachbegriffe; Zusammenhänge erkennen; Förderung der Kreativität und Fantasie; Schnelligkeit trainieren.

Ablauf:

Die Klasse wird in mehrere gleich große Gruppen von 6–8 Schüler/-innen aufgeteilt. Jede Gruppe muss nun der Reihe nach versuchen, zu einem wirtschaftlichen Begriff 10 bestimmte Unterbegriffe zu finden – und das in 60 Sekunden! Dazu zieht zunächst ein Teammitglied der Gruppe B eine Karte aus dem Spielstapel und gibt den Oberbegriff laut bekannt. Die Gruppe A muss sofort entscheiden, ob sie diese Karte spielen will oder nicht. Sie darf einmal ablehnen und die Karte an die Gruppe B für deren nächste Raterunde weitergeben. Ansonsten wird gleich im Anschluss an die Bekanntgabe des Oberbegriffs eine Sanduhr aufgestellt und die Zeit läuft. Alle Mitglieder der Gruppe A dürfen nun laut die Begriffe rufen, die sie mit dem genannten Oberbegriff in Verbindung bringen. Gruppe B kontrolliert die Spielkarte und streicht diejenigen Unterbegriffe ab, die von Gruppe A richtig erraten worden sind. Nach Durchlauf der Sanduhr werden die richtig genannten Begriffe noch einmal wiederholt und die Gruppe A erhält dafür je einen Punkt. Die Lehrkraft hält die Punktzahlen der einzelnen Gruppen schriftlich an der Tafel fest. Anschließend muss Gruppe B die 10 gesuchten Unterbegriffe zu einem neuen Oberbegriff erraten, die dann von Gruppe C kontrolliert werden, usw. Nach einer beliebigen Rundenanzahl gewinnt das Team, das die meisten Punkte erreicht hat.

Beispiele:

(1) **Wirtschafts-Outburst zum Thema** *Rechnungswesen*

> **Rechnungswesen**
> Buchführung
> Bilanz
> Kostenrechnung
> Kalkulation
> Belege
> Rechnungen
> Zahlen
> Tabellen
> Abschreibung
> Statistiken

Der Oberbegriff ist „**Rechnungswesen**"; gesucht werden Begriffe wie „Buchführung", „Bilanz", „Kostenrechnung" usw. Die Gruppe A ruft innerhalb der gegebenen Minute beispielsweise *„buchen", „Kasse", „Rechnungen", „Abschreibungen", „Com-*

puter", „*Buchführung*", „*Kalkulation*", „*Kosten- und Leistungsrechnung*", „*Zahlungsverzug*" usw.

Richtig geraten wurden „*Rechnungen*", „*Abschreibungen*" (Ein- und Mehrzahl wird nicht unterschieden), „*Buchführung*", „*Kalkulation*" *und* „*Kostenrechnung*" (nach eigenem Ermessen, aber zu streng sollte man auch nicht sein...)

Gruppe A erhält demnach **5 Punkte.**

(2) **Wirtschafts-Outburst zum Thema**
    Bestandskonten

> **Bestandskonten**
> Betriebsgebäude
> Maschinen
> Grundstücke
> Fuhrpark
> Hilfsstoffe
> Forderungen
> Kasse
> Eigenkapital
> Verbindlichkeiten
> Rückstellungen

Die Gruppe B muss nun die 10 gesuchten Begriffe zu der Kategorie „**Bestandskonten**" erraten. Die Sanduhr wird umgedreht und sie rufen: „*Bank*", „*Rohstoffe*", „*Miete*", „*Forderungen*", „*Eigenkapital*", „*Löhne*", „*Kasse*", „*Bilanz*", „*Forderungen*", „*Verbindlichkeiten*", „*Maschinen*", „*Fuhrpark*" usw. Die Auswertung der von Gruppe A bzw. C (je nach vorhandener Gruppenanzahl) abgestrichenen Begriffe ergibt: 6 Begriffe wurden richtig erraten: „*Forderungen*" (zählt nur einmal) „*Eigenkapital*", „*Kasse*", „*Verbindlichkeiten*", „*Maschinen*", „*Fuhrpark*".

Gruppe B erhält deshalb **6 Punkte** und hätte gewonnen, wenn das Spiel bereits nach einer Runde beendet und nur zwei Gruppen beteiligt wären. Ansonsten wäre Gruppe C jetzt an der Reihe zu raten, während Gruppe D bzw. A die Begriffe kontrolliert.

Didaktische Erläuterung:

Dieses schnelle und turbulente Spiel ist eine witzige Möglichkeit, Fachbegriffe spielerisch zu wiederholen und abzufragen. Je nachdem wie speziell der thematische Oberbegriff gewählt wird, müssen sich die Schüler/-innen auf ihre bereits vorhandenen Kenntnisse konzentrieren, um 10 damit zusammenhängende Unterbegriffe zu finden. Aus diesem Grund ist „Wirtschafts-Outburst" auch eher für fortgeschrittene Lerner/-innen zu empfehlen, die die gesuchten Begriffe bereits kennen müssten. Man kann dieses Spiel natürlich auch mit allgemeineren Themen versehen, wie es das gleichnamige Gesellschaftsspiel „Outburst" vorsieht. Aber gerade für die spielerische Wiederholung wirtschaftlicher Fachbegriffe und das Erkennen fachlicher Zusammenhänge ist es sehr geeignet.

Die Klasse sollte bei diesem Spiel allerdings in maximal 4 Gruppen geteilt werden, damit die „Leerlaufphasen" nicht zu lang sind, bis eine Gruppe wieder raten darf. Bei relativ kleinen Klassen kann man das Spiel sogar mit nur zwei großen Gruppen spielen. Das ist die ideale Variante! Eine andere Möglichkeit wäre, die Klasse in 4 Gruppen zu teilen und jeweils zwei voneinander unabhängige Spielrunden zu haben, die dann selbstständig die Punktzahlen ihrer Teams festhalten müssen.

Materialien:

in Folie eingeschweißte Spielkarten in ausreichender Anzahl (mindestens 20) oder eine speziell gebastelte Folientasche für die Karten, Sanduhr mit 1 Minute Durchlauf, wasserlöslicher Stift

Zeitaufwand:

ca. 30 Minuten

2.3.3 Wirtschafts-Jeopardy

Spielerische Wiederholung wirtschaftlicher Fachbegriffe; Zusammenhänge erkennen; Schnelligkeit trainieren.

Ablauf:

Die Klasse wird in 3 bis 4 Gruppen aufgeteilt und jede Gruppe soll sich einen Gruppennamen geben. Die Lehrkraft ist Spielleiter und liest nun auf Karten vorbereitete Antworten vor, zu denen die Frage (!) gesucht wird. Es stehen 30 Sekunden Zeit zur Verfügung, die richtige Frage zu finden; zur Kontrolle wird eine Stoppuhr aufgestellt.

Sobald ein Lernender die Lösung weiß, muss so schnell wie möglich der Gruppenname gerufen werden. Diejenige Gruppe, die zuerst gerufen hat, muss dann die gesuchte Frage laut sagen. Ist sie richtig, erhält die Gruppe einen Punkt, ist sie falsch, wird ihr ein Minuspunkt angerechnet und die anderen Gruppen haben noch eine Chance, die Frage zu lösen.

Die jeweiligen Punktstände werden an der Tafel festgehalten und wer zum Schluss die meisten Punkte hat, hat gewonnen.

Beispiele:

(1) **Folgende Antwort wird vorgelesen:**

> Ein Zusammenschluss rechtlich selbstständiger Betriebe, der unter einheitlicher Leitung wirtschaftliche Zwecke verfolgt

Die richtige Frage, welche die Schüler/-innen stellen müssen, lautet:

> Was ist ein Konzern?

(2) Folgende Antwort wird vorgelesen:

> Eine Urkunde, in der ein Gläubiger einen Schuldner auffordert, zu einem angegebenen Zeitpunkt eine bestimmte Summe an seine oder eine andere Person zu zahlen.

Die richtige Frage, welche die Schüler/-innen stellen müssen, lautet:

> Was ist ein Wechsel?

Dieses Spiel ist gut dazu geeignet, begriffliche Definitionen bei den Schüler/-innen wieder in Erinnerung zu rufen und dadurch zu festigen. Die eher ungewöhnliche Vorgehensweise, zu einer gegebenen Definition den gesuchten Begriff zu finden, macht dabei den besonderen Reiz des Spiels aus. Es ist darauf zu achten, dass die Schüler/-innen immer mit der kompletten Frage antworten, nicht nur mit dem gesuchten Begriff. Bei mehrmaligen formalen Fehlern diesbezüglich gibt es einen Punktabzug.

Die hier dargestellte Spielversion stellt die einfachste Abwandlung des Fernsehquiz „jeopardy" dar. Zusätzlich könnten auch bestimmte Kategorien gebildet werden, wie beispielsweise „Zahlungsverkehr", „Absatzwirtschaft", „Buchführung" usw., aus denen sich diejenige Gruppe, welche zuvor die gesuchte Frage gefunden hat, jeweils eine Antwort aussuchen kann. Das erfordert allerdings noch mehr Vorbereitungsaufwand und führt dazu, dass das Spiel nicht mehr so schnell „zwischendurch" gespielt werden kann.

Materialien:

Frage-Antwort-Karten (mindestens 20), Stoppuhr, Tafel und Kreide

Zeitaufwand:

ca. 20 Minuten

2.3.4 Dingsda

Spielerische Wiederholung wirtschaftlicher Fachbegriffe; Zusammenhänge erkennen; Schnelligkeit trainieren.

Ablauf:

Die Klasse wird in 3 oder 4 Gruppen aufgeteilt. Die Lehrkraft ist Spielleiter, steht vorne und sucht jeweils nach einem bestimmten wirtschaftlichen Fachbegriff, dem „Dingsda", indem zunächst eine relativ weite Begriffsbestimmung bekannt gegeben wird, die nach und nach immer spezieller wird. Insgesamt stehen 5 Definitionen für einen Begriff zur Verfügung. Sobald ein Schüler meint, das Dingsda erraten zu haben, ruft er die Lösung laut in die Klasse. Ist sie richtig, erhält seine Gruppe umso mehr Punkte, je weniger Definitionen bereits bekannt gegeben wurden. Es wird also belohnt, wenn man das Dingsda so früh wie möglich errät. Sieger ist am Ende die Gruppe mit den meisten Punkten.

Beispiele:

(1) **Gesucht wird der Begriff** *Annahmeverzug*

> **1. Definition:** Das Dingsda hat etwas mit Kaufvertragsstörungen zu tun.
> (= 5 Punkte)
> **2. Definition:** Das Dingsda kommt nicht allzu häufig vor.
> (= 4 Punkte)
> **3. Definition:** Das Dingsda hat nichts mit mangelhafter Ware zu tun.
> (= 3 Punkte)
> **4. Definition:** Das Dingsda ist ein Fehlverhalten des Käufers.
> (= 2 Punkte)
> **5. Definition:** Das Dingsda liegt vor, wenn ordnungsgemäß gelieferte Ware nicht angenommen wird. (= 1 Punkt)

Die Schüler/-innen erraten den Begriff „Annahmeverzug" nach der Bekanngabe der 4. Definition. Die Gruppe erhält deshalb 2 Punkte.

(2) **Gesucht wird der Begriff** *Rückstellungen*

> **1. Definition:** Das Dingsda steht in der Bilanz.
> (= 5 Punkte)
> **2. Definition:** Das Dingsda sind Passivposten für Fremdkapital.
> (= 4 Punkte)
> **3. Definition:** Das Dingsda ist in seiner genauen Höhe noch ungewiss.
> (= 3 Punkte)

4. Definition: Auch die Fälligkeit des Dingsda ist noch unklar.
(= 2 Punkte)

5. Definition: Das Dingsda wird zur Berücksichtigung bestimmter künftiger Ausgaben gebildet. (= 1 Punkt)

Eine Gruppe errät den Begriff nach Bekanntgabe der 2. Definition. Sie erhält dafür 4 Punkte.

Didaktische Erläuterung:

Dieses Wissensquiz eignet sich besonders für die spielerische Wiederholung wichtiger Fachbegriffe der letzten Unterrichtseinheit. Sofern die Fragen bereits vorbereitet worden sind, kann es schnell und ohne Aufwand „zwischendurch" oder gegen Ende einer Unterrichtsstunde gespielt werden. Es fördert die Schnelligkeit und ruft auch andere Fachbegriffe wieder in Erinnerung, da die erste Definition so weit zu stellen ist, dass der gesuchte Begriff nicht eindeutig zugeordnet werden kann. Aus diesem Grund darf es auch keine Strafpunkte geben, wenn ein falscher Begriff gerufen wurde. Finden die Schüler/-innen zu einem Dingsda gar keine Lösung, gibt die Lehrkraft sie bekannt und niemand erhält einen Punkt.

Materialien:

Fragekarten, Tafel und Kreide zum Festhalten der Punkte

Zeitaufwand:

ca. 20 Minuten

2.3.5 Frage-Antwort-Quiz

Zielsetzung:

Spielerische Wiederholung und Festigung der Unterrichtsinhalte; Schüler/-innen sollen wichtige Lerninhalte selber auswählen und erklären können; Kooperationsfähigkeit stärken.

Ablauf:

Die Klasse wird in 2 gleich große Gruppen A und B aufgeteilt. Jede Gruppe soll sich zunächst 10–20 Fragen (je nach Klassenstärke und Umfang des Stoffgebiets) und deren Lösungen zu der letzten thematischen Unterrichtseinheit überlegen. Das Lehrbuch darf dabei zu Hilfe genommen werden. Anschließend setzen oder stellen sich die beiden Gruppen in zwei Reihen gegenüber. Ein Schüler aus Gruppe A beginnt, indem er einem beliebigen Gruppenmitglied B eine Frage stellt. Kann dieses die Frage beantworten, erhält Gruppe B einen Punkt und derjenige, der die richtige Antwort gegeben hat darf nun dem Fragesteller aus Gruppe A eine Frage stellen. Weiß dieser die Lösung nicht, beantwortet der Fragesteller die Frage selbst und der Punkt geht an seine Gruppe. Die nächste Frage stellt dann wiederum ein Mitglied der Gruppe A, und zwar so lange, bis ein Mitglied der Gruppe B eine Antwort richtig weiß, dann darf Gruppe B wieder Gruppe A fragen usw. Gewonnen hat diejenige Gruppe, die am meisten Punkte erreicht hat, nachdem alle Fragen gestellt worden sind.

Beispiele:

(1) Frage-Antwort-Quiz zum Thema *Lagerhaltung*

Nachdem sich die Gruppen zusammengesetzt und ihre Fragen samt Lösungen überlegt haben, beginnt das Quiz, indem ein Schüler aus Gruppe A (= A1) einer beliebigen Person aus Gruppe B (= B1) eine Frage stellt:

A1: *Woraus setzen sich die Lagerkosten zusammen?*

B1: *Aus Personalkosten, Betriebsmittelkosten und Kapitalkosten.*

A1: *Richtig!*

Gruppe B erhält somit **1 Punkt** und fragt nun den vorherigen Fragesteller aus der Gruppe A:

B1: *Welche wichtigen Lagerbestandsgrößen gibt es?*

A1: *Äh, durchschnittlicher Lagerbestand und Umschlagshäufigkeit?*

B1: *Falsch, das sind Lagerkennzahlen. Lagerbestandsgrößen sind der Mindest-, der Melde- und der Höchstbestand.*

Gruppe B erhält wieder **1 Punkt** und dann stellt B2 eine Frage an A2.

(2) Frage-Antwort-Quiz zum Thema *Buchen auf Bestandskonten*

A1: *Wie bucht man eine Eingangsrechnung für Rohstoffe?*
B1: *Rohstoffe und Umsatzsteuer an Bank.*
A1: *Falsch, Rohstoffe und Vorsteuer an Verbindlichkeiten!*

Gruppe B erhält keinen Punkt, da der Großteil des Buchungssatzes falsch war. Deshalb bekommt **Gruppe A** den **1 Punkt** selber und stellt Gruppe B noch eine Frage.

A2: *Wie bucht man eine Banküberweisung eines Kunden?*
B1: *Kasse an Verbindlichkeiten?*
A2: *Beides falsch, Bank an Forderungen aus Lieferungen und Leistungen.*

Gruppe B erhält immer noch keinen Punkt, da der Buchungssatz wieder falsch war. Deshalb bekommt **Gruppe A** noch **1 Punkt** und stellt Gruppe B eine weitere Frage. Es sollten aber Fragesteller und Beantworter gewechselt werden, weil es sonst zu langweilig bzw. zu frustrierend für die anderen werden kann.

A3: *Wie bucht man den Verkauf von Waren auf Ziel?*
B2: *Forderungen aus Lieferungen und Leistungen an Warenverkauf, an Umsatzsteuer.*
A3: *Richtig!*

Endlich erhält **Gruppe B** auch **1 Punkt** und derjenige, der richtig geantwortet hat (= B2), darf nun den Fragesteller aus Gruppe A (= A3) befragen. Nach dem Schema geht es dann weiter, bis alle Fragen beider Gruppen beantwortet worden sind.

Didaktische Erläuterung:

Dieses Frage-und-Antwort-Quiz ist eine sehr schüler/-innenaktive Variante der thematischen Wiederholung, weil die Lernenden in Gruppen auch selbst die Fragen entwickeln. Das fördert die intensive Stoffwiederholung, weil die Schüler/-innen für die Auswahl der Fragestellungen in der Regel den gesamten Lehrbuchtext bzw. ihre Unterlagen noch einmal durchlesen müssen. Der Nachteil ist allerdings, dass dadurch der Zeitaufwand um einiges höher ist als bei einer spielerischen Wiederholung, die durch die Lehrkraft gesteuert wird.

Bei der beschriebenen Spielvariante kann es passieren, dass einer Gruppe schneller die Fragen ausgehen als der anderen, obwohl beide die exakt gleiche (!) Fragenanzahl vorbereiten sollen. Diese Gruppe erhält dann 3 Bonuspunkte und die andere Gruppe darf ihre Fragen dennoch zu Ende stellen.

Eine andere Variante des Spiels besteht darin, dass nicht eine *bestimmte* Person aus einer Gruppe die gestellte Frage beantworten muss, sondern dass alle Gruppenmitglieder die Frage beantworten können. Dabei ist es allerdings wahrscheinlich, dass immer nur die gleichen guten Schüler/-innen die Lösungen wissen. Um dieses zu verhindern, sollte man alle Lernenden, die eine Frage richtig beantwortet haben, sich setzen lassen, damit auch wirklich jeder mindestens eine Frage beantworten muss.

Es kann natürlich passieren, dass eine Antwort nur unvollständig gegeben wird, also nur zum Teil richtig ist. Dann soll entweder innerhalb der fragenden Gruppe entschieden werden, ob die Antwort als richtig gewertet wird oder es werden von vornherein drei Schüler/-innen als unabhängige Schiedsrichter bestimmt, die im Zweifelsfall entscheiden sollen.

Materialien:

Lehrbuch oder Unterlagen der Schüler/-innen, Zettel, Stifte

Zeitaufwand:

ca. 1 Unterrichtsstunde (incl. Vorbereitung der Fragen und Antworten innerhalb der Gruppen)

Literaturhinweis:

Pallasch/Zopf (1980), S. 256

2.3.6 Begriffsbox

begriffliche Wiederholung; thematische Struktur verdeutlichen; Zusammenhänge erkennen; didaktische Fähigkeiten üben.

Die Lehrkraft schreibt die wichtigsten Begriffe bzw. zentralen Aspekte der vorangegangenen Unterrichtseinheit auf Zettel, die anschließend in einer Pappbox gesammelt werden. Es sollten so viele Zettel wie Schüler/-innen vorhanden sein. Diese Box wird herumgegeben, jeder Schüler muss sich einen Zettel ziehen und den daraufstehenden Begriff für sich noch einmal wiederholen, evtl. unter Zuhilfenahme der Unterlagen bzw. des Fachbuches. Während dieser kurzen Stillarbeitsphase skizziert die Lehrkraft die Grundstruktur zum Einordnen der Begriffe an der Tafel.

Die Schüler/-innen sollen anschließend entweder *reihum* ihre Begriffe kurz für alle anschaulich erklären und sie begründet in eine beispielhafte Grundstruktur einordnen (siehe Beispiel 2) – oder eine fachlich fest vorgegebene Grundstruktur ist Ausgangspunkt und die Schüler/-innen sollen ihre Begriffe in einer *logischen Reihenfolge* erklären (siehe Beispiel 1). Dabei übernimmt der Rest der Klasse jeweils die Kontrollfunktion, d.h. alle müssen überprüfen, ob die Erklärung und die Einordnung richtig oder falsch ist und gegebenenfalls Korrekturen notwendig sind.

Am Ende dieser Begriffsrunde, wenn alle Schüler/-innen ihre Begriffe erklärt und eingeordnet haben, ist die thematische Struktur vervollständigt und alle zentralen Aspekte des Themas sind noch einmal erklärt worden. Das Tafelbild kann dann von den Lernenden als schriftliche Zusammenfassung übernommen werden.

(1) Begriffsbox zum Thema *Die Bilanz*

Mögliche Begriffe auf den Zetteln: Aktiva, Passiva, Anlagevermögen, Gebäude, Maschinen, Fuhrpark, Betriebs- und Geschäftsausstattung, Umlaufvermögen, Rohstoffe, Hilfsstoffe, Betriebsstoffe, Unfertige Erzeugnisse, Fertige Erzeugnisse, Forderungen a. LL., Kasse, Bank, Eigenkapital, Fremdkapital, Verbindlichkeiten gegenüber Kreditinstituten, Verbindlichkeiten a. LL., Sonstige Verbindlichkeiten, Buchhalternase, Bilanzsumme, Mittelherkunft, Mittelverwendung

Grundstruktur als Ausgangspunkt:

Die Lehrkraft zeichnet hier nur die leere T-Form einer Bilanz an die Tafel und die Schüler/-innen sollen sie mit den vorgegebenen Begriffen auf den Zetteln Stück für Stück erklärend vervollständigen. Es müsste also der Schüler mit dem Begriff „Aktiva" auf seinem Zettel den ersten Schritt machen, nach vorne kommen, erklären was „Aktiva" bedeutet und den Begriff an die Tafel in die Struktur eintragen oder -kleben. Als zweites müsste der Begriff „Passiva" folgen, dann „Anlagevermögen" – oder „Eigenkapital", etc.

(2) Begriffsbox zum Thema: *Besondere Arten des Kaufvertrags*

Mögliche Begriffe auf den Zetteln: bürgerlicher Kauf, einseitiger Handelskauf, zweiseitiger Handelskauf, Kauf nach Probe, Kauf auf Probe, Kauf zur Probe, Spezifikationskauf, Kommissionskauf, Kauf auf Abruf, Typenkauf, Stückkauf, Gattungskauf, Barkauf, Kreditkauf, Zielkauf, Ratenkauf, Terminkauf, Fixkauf, Handkauf, Platzkauf, Versendungskauf, Fernkauf, Streckengeschäft

Mögliche Strukturierung:
Die Lehrkraft zeichnet das Zentrum eines Mind-Maps an die Tafel, evtl. auch bereits mehrere – leere – Äste. Jetzt könnten die Schüler/-innen reihum ihre Begriffe erklären und dann in das Mind-Map einordnen. Dabei müssen sie entscheiden, ob ihr Begriff zu einem bereits bestehenden an einen vorhandenen Ast passt, dieser also weiter verzweigt wird, oder ob ein neuer Ast für den Begriff gemalt wird.

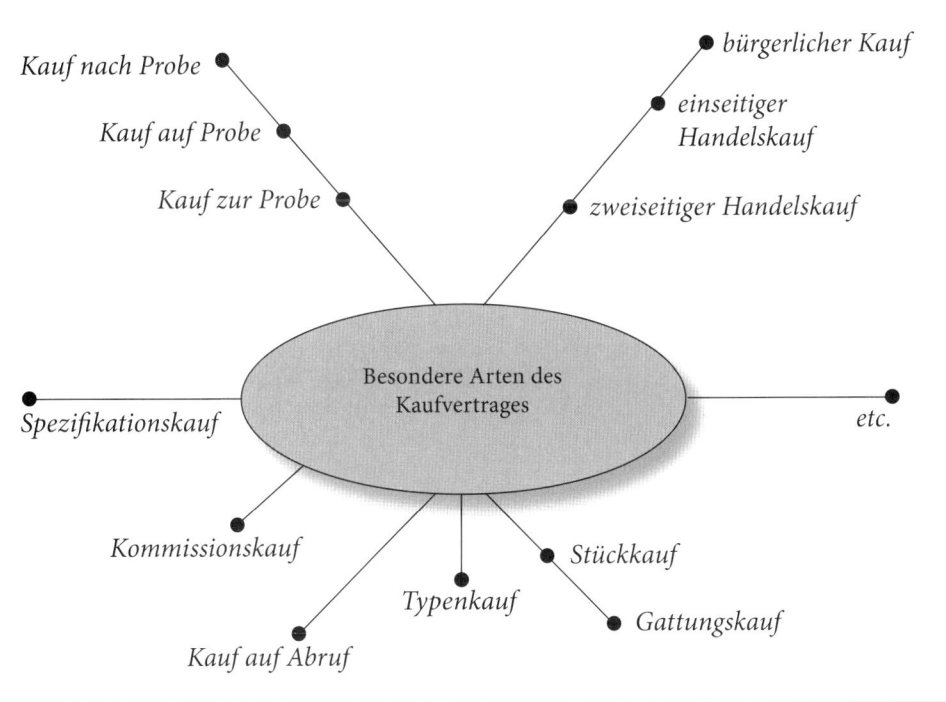

Durch die Wiederholung der wichtigsten Fachbegriffe einer abgeschlossenen Unterrichtseinheit mit gleichzeitiger Erstellung der thematischen Struktur kann sich beides den Schüler/-innen noch einmal einprägen und Zusammenhänge werden deutlich, die gerade im Laufe einer längeren Unterrichtseinheit oft nicht mehr erkannt werden. Zusätzlich üben die Schüler/-innen ihre didaktischen Fähigkeiten, indem sie die Begriffe für die anderen erklären bzw. während der Erklärung eines Mitschülers die Kontrollfunktion übernehmen und korrigierend eingreifen sollen.

Bei sehr leistungsstarken Klassen kann man eventuell ganz auf die vorgegebene Strukturierung verzichten und die Schüler/-innen auffordern, mit den erhaltenen Begriffszetteln selbst eine Themenstruktur an der Tafel zu erstellen. Oder die strukturierenden Überschriften werden ebenso wie die anderen zentralen Begriffe an die Lernenden verteilt und sollen dann als solche erkannt und übergeordnet werden.

Eine andere Variante der Begriffsbox besteht darin, dass zunächst jeder Lernende alle Begriffe auf einem Zettel bekommt, diese selbst ausschneiden und dann für sich allein auf dem Tisch in eine sinnvolle Struktur legen soll. Anschließend erklären sich die jeweiligen Banknachbarn ihre individuellen Strukturen gegenseitig und erläutern dabei vor allem ihre Ordnungskriterien.

Die Lehrkraft geht während dieser Phase herum und schaut sich die Ergebnisse an. Auf ihre Nachfrage sollen die Schüler/-innen ihre Strukturen erklären.

Anschließend kann zur Überprüfung noch ein Schüler seine Struktur an der Tafel oder auf Folie vorstellen.

Diese Form der Wiederholung bietet sich vor allem bei Themenbereichen an, die viele abgrenzbare Fachbegriffe enthalten und daher gut zu strukturieren sind; weniger geeignet ist sie dagegen für komplexere Unterrichtsthemen.

Pappbox (z. B. leere Kosmetiktücherschachtel), vorbereitete Begriffszettel, Tafel, Kreide

ca. 1 Unterrichtsstunde

2.3.7 Lern-Partner-Resümee

Zielsetzung:

Aktive Wiederholung des Lernstoffs; Förderung der Behaltensleistung; kommunikative und didaktische Fähigkeiten trainieren.

Ablauf:

Zum Ende einer Unterrichtseinheit werden die Schüler/-innen gebeten, zunächst jeder für sich in wenigen Minuten eine bestimmte Anzahl (beispielsweise 3 oder 5) der für sie wesentlich erachteten thematischen Punkte, Begriffe, Definitionen, Rechenwege etc. schriftlich zu notieren. Je nach Unterrichtsthema und Umfang der Lerninhalte sowie Leistungsstand der Klasse soll das entweder ohne alle Hilfsmittel erfolgen, also als reine Gedächtnisleistung, oder es können Schulbücher und eigene Aufzeichnungen zu Hilfe genommen werden. Anschließend soll sich jeder einen Lern-Partner suchen, um sich dann gegenseitig die Aufzeichnungen vorzutragen bzw. zu erklären. Diskussionen, Korrekturen, Rückfragen usw. sind dabei ausdrücklich erwünscht. Die Lehrkraft hilft, wenn Unklarheiten bestehen.

Didaktische Erläuterung:

Diese Form der thematischen Wiederholung und Festigung kann sehr lerneffektiv sein, weil die Verständnis- und Behaltensleistung in der Regel viel höher ist, wenn der Unterrichtsstoff mit eigenen Worten wiedergegeben und dem anderen erklärt werden muss. Außerdem haben die Schüler/-innen bei der Partnerarbeit meist weniger Scheu, eventuell vorhandene Wissens- oder Verständnislücken zuzugeben als vor der ganzen Klasse. Es kann daher sinnvoll sein, wenn die Lehrkraft die Einteilung der Lern-Partner übernimmt, sodass z. B. jeweils eine leistungsstarke Schülerin und ein schwächerer Schüler zusammenarbeiten. Allerdings ist auf gegenseitige Antipathien zu achten und zu offensichtliche Kategorisierungen in gute und schlechte Schüler sollten vermieden werden.

Materialien:

evtl. Schulbücher oder Unterlagen der Schüler/-innen, Zettel, Stifte

Zeitaufwand:

ca. 30 Minuten

Literaturhinweis:

Lehner/Ziep (1997), S. 78

2.3.8 Kleingruppen-Quiz

Zielsetzung:

Aktive Wiederholung des Lernstoffs in spielerischer Form; gegenseitige Aufmerksamkeit fördern.

Ablauf:

Die Klasse wird in Kleingruppen von je 3 Schüler/-innen aufgeteilt (geht das nicht auf, bestehen eine oder zwei Gruppen aus je 2 Lernenden). Jede Gruppe erhält eine durch drei teilbare Menge an identischen Quiz-Karten zu dem behandelten Themengebiet, die von der Lehrkraft vorbereitet worden sind. Nun wird im Uhrzeigersinn reihum gefragt. Schülerin A liest die Frage auf der Vorderseite der ersten Karte laut den anderen beiden vor. Schüler B, der nächste im Uhrzeigersinn, muss diese Frage beantworten, während C anschließend eventuell fehlende wichtige Ergänzungen vornehmen kann. In diesem Fall erhält B einen Punkt für die grundsätzlich richtige Antwort und C einen halben Punkt für die richtige Ergänzung. Falls B die Antwort so korrekt vorgibt, dass keine Ergänzungen notwendig sind, erhält er zwei Punkte. Weiß B jedoch die Antwort nicht oder sie ist falsch, hat C noch eine Chance, einen oder zwei ganze Punkte zu erhalten. Wissen beide keine richtige Lösung, liest A die korrekte Antwort von der Kartenrückseite laut vor und niemand punktet. Dann ist B an der Reihe, C zu fragen und A hat die Möglichkeit zur Ergänzung, bevor anschließend C zum Fragesteller wird, dann wieder A usw. Gewonnen hat derjenige mit den meisten Punkten, nachdem alle Fragen gestellt worden sind.

Beispiele:

(1) Kleingruppen-Quiz zum Thema: *Der Zahlungsverkehr*

- **Frage von Schülerin A:** *„Welche Zahlungsmittel gibt es?"* **Antwort von Schüler B:** *„Geld und Geldersatzmittel."* **Ergänzung von Schülerin C:** *„Geld wird noch unterschieden in Bargeld oder Buchgeld und Geldersatzmittel in Schecks und Wechsel."*

In diesem Fall erhält **B einen Punkt** für die grundsätzlich richtige Antwort und **C** einen **halben Punkt** für die korrekte Ergänzung der Antwort.

- **Frage von Schüler B:** *„Welche Zahlungsarten werden unterschieden?"* **Antwort von Schülerin C:** *„Barzahlung, halbbare Zahlung, bargeldlose Zahlung"* **Schülerin A** *hat keine Ergänzung dazu.*

Hier erhält nur Schülerin **C zwei Punkte.** A dagegen nicht, weil keine Ergänzung vorgenommen werden konnte.

- **Frage von Schülerin C:** *„Womit kann man eine Barzahlung durchführen?"* **Antwort von Schülerin A:** *„Mit Banknoten, Münzen sowie Wertbriefen und Postanweisungen".* **Schüler B ergänzt:** *„Außerdem mit Schecks"*

Schülerin **A** erhält **zwei Punkte** für die richtige Antwort. Schüler B keinen, da die Ergänzung nicht korrekt war.

- etc.

(2) Kleingruppen-Quiz zum Thema *Buchungen im Anlagebereich*

- **Frage von Schüler A:** *„Was sind die Anschaffungskosten?"* **Antwort von Schülerin B:** *„Die Aufwendungen, die geleistet werden, um einen Vermögensgegenstand zu erwerben".* **Ergänzung von Schüler C:** *„...und ihn in einen betriebsbereiten Zustand zu versetzen."*

B erhält **einen Punkt** für die grundsätzlich richtige Antwort, C einen **halben Punkt** für die notwendige Ergänzung.

- **Frage von B:** *„Wie errechnen sich die Anschaffungskosten?"* **Antwort von C:** *„Durch den Preis auf der Rechnung."* **Antwort von A:** *„Anschaffungspreis (netto) + Anschaffungsnebenkosten ./. Minderungen der Anschaffungskosten"*

C erhält keinen Punkt, da die Antwort viel zu unpräzise ist. **A** bekommt dagegen **zwei Punkte** für die völlig korrekte Lösung.

- **Frage von C:** *„Wodurch mindern sich Anschaffungskosten?"* **Antwort von A:** *„????"* **B antwortet:** *„Durch Rabatte und Skonti".* **C ergänzt die korrekte Lösung:** *„...und durch Boni"*

A erhält keinen Punkt, **B einen Punkt** für die grundsätzlich richtige Antwort. C, der von der Kartenrückseite die noch fehlende Ergänzung vorliest, erhält keinen.

- etc.

Didaktische Erläuterung:

Dieses Lernspiel ist eine eher ruhige und konzentrierte Variante der thematischen Wiederholung. Durch das Stellen von Fragen und das Beantworten durch zwei Schüler/-innen, mit der gegebenen Möglichkeit zur Ergänzung, wird eine aktive Informationsverarbeitung gefördert. Es ist nicht zwingend notwendig, überhaupt Punkte zu verteilen. Die Möglichkeit besteht als spielerischer Anreiz, kann aber von den Gruppen abgelehnt werden, falls das zu sehr als Leistungsdruck empfunden wird.

Materialien:

vorbereitete Fragekarten, Stift und Zettel zum Festhalten der Punkte

Zeitaufwand:

je nach Fragenanzahl ca. 20 Minuten

Literaturhinweis:

Lehner/Ziep (1997), S. 100 f.

2.3.9 Was bin ich?

Spielerisches Wiederholen von Fachbegriffen; gezielte Fragestellung lernen; Kommunikationsfähigkeit stärken; körperliche Bewegung der Schüler/-innen ermöglichen.

Ablauf:

Jeder Lernende soll zunächst für sich allein einen Begriff der letzten Unterrichtseinheit auf einen Zettel schreiben. Wichtig ist, dass niemand sehen darf, was auf dem Zettel steht. Anschließend stellen sich die Schüler/-innen Schulter an Schulter in einem Kreis auf. Dann drehen sich alle um 90 Grad, sodass sie jeweils auf den Rücken des Vordermannes schauen. An diesem befestigt nun jeder seinen Begriffszettel mit Kreppband, sodass alle einen Zettel auf dem Rücken kleben haben, aber nicht wissen, was darauf steht. Um das herauszufinden, stellen sich jeweils zwei Leute – A und B – zusammen. A fragt zunächst B – der vorher auf den Zettel von A geschaut hat – drei Fragen zu seinem Begriff, die nur mit „ja", „nein" oder „vielleicht" beantwortet werden können. Anschließend ist B an der Reihe, drei konkrete Fragen zu stellen. Gelingt es nicht, den gesuchten Begriff zu erraten, werden jeweils neue Partner gesucht, denen wiederum drei Fragen gestellt werden usw. Wer seinen Begriff bereits erraten hat, stellt sich weiterhin als Fragenpartner zur Verfügung.

Beispiele:

(1) Mögliche Begriffe zur Unterrichtseinheit *Zahlungsarten*

Postnachnahme, Überweisung, Barzahlung, Wechsel, Verrechnungsscheck, Postanweisung, Postscheck, ec-Karte, Barscheck etc.

Beginn der Fragerunde: A hat den Begriff „*Barzahlung*" auf seinem Rücken, B den Begriff „Verrechnungsscheck":

A: *Bezahle ich mit einem Stück Papier?*
B: *Vielleicht*
A: *Muss ich da etwas eintragen?*
B: *Nein*
A: *Brauche ich ein Konto?*
B: *Nein*
A: *Dann bin ich die Barzahlung!*
B: *Ja, richtig*

Nun fragt B seinen Partner A, was er für einen Begriff auf dem Rücken trägt:

B: *Muss ich zur Bank, um bezahlen zu können?*
A: *Ja*
B: *Ist es ein bestimmtes Formular?*
A: *Ja*

B: *Bekomme ich Bargeld dafür?*
A: *Nein*

B hat A nun 3 Fragen gestellt und seinen Begriff noch nicht erraten. Deshalb wendet er sich an eine andere Mitschülerin C, der er nochmal 3 Fragen stellen muss. Sie muss eventuell auch zu ihrem eigenen Begriff auf dem Rücken Fragen stellen, wenn sie ihn bislang noch nicht erraten hat.

(2) Mögliche Begriffe zur Unterrichtseinheit *Lieferklauseln*

ab Lager, ab Werk, frei Haus, unfrei, ab Versandbahnhof, frachtfrei, frei dort, frei Wagon, etc.

(3) Mögliche Begriffe zur Unterrichtseinheit *Vertragsarten*

Arbeitsvertrag, Kaufvertrag, Berufsausbildungsvertrag, Mietvertrag, Kreditvertrag, Pachtvertrag, etc.

Didaktische Erläuterung:

Diese Variante der spielerischen Wiederholung von Fachbegriffen ist eine sehr lebendige Möglichkeit zur Ergebnissicherung im Unterricht. Dadurch, dass die Lernenden nicht nur ihre eigenen Begriffe erraten, sondern auch an sie gestellte Fragen über die Begriffe der anderen möglichst korrekt beantworten müssen, werden fachliche und begriffliche Zusammenhänge deutlich und Inhalts- oder Verständnislücken offensichtlich. Zusätzlich lernen die Schüler/-innen bei diesem Verfahren, möglichst gezielte Fragen zu stellen, was im Unterricht sonst häufig vernachlässigt wird. Evtl. wird den Schüler/-innen diese Art der Fragetechnik anfangs eher schwer fallen, deshalb bietet es sich an, eine kleine Proberunde durchzuführen, in der sich jeweils zwei freiwillige Schüler/-innen zur Verfügung stellen und diese Übung beispielhaft durchführen. Die anderen schauen zu und hinterher wird die Art der Fragestellung besprochen, indem kritisiert und gelobt sowie über Verbesserungsvorschläge nachgedacht werden soll.

Materialien:

Zettel, Stifte, Kreppband oder selbstklebende Post-it-Zettel

Zeitaufwand:

ca. 20 Minuten

2.3.10 Offene-Fragen-Liste

Offen gebliebene Fragen zum Unterricht klären; Schüler/-innenwissen berücksichtigen; Anonymität der Fragen ermöglichen; Wissensstand innerhalb der Klasse überprüfen.

Ablauf:

Die Schüler/-innen sollen am Ende einer Unterrichtseinheit alle offen gebliebenen Fragen bzw. Inhalte, die nicht verstanden worden sind, in Fragen formulieren und auf A4- oder A5-Zettel schreiben. Diese werden anschließend von der Lehrkraft eingesammelt und untereinander in der Fragenspalte einer vorbereiteten Liste auf der Tafel oder Pinwand veröffentlicht. Dann werden die einzelnen Fragen laut vorgelesen und die Schüler/-innen erhalten den Auftrag, diejenigen Fragen, zu denen sie die Antworten wissen, ebenfalls auf Zetteln kurz schriftlich (z. B. stichwortartig) zu beantworten und diese hinter der betreffenden Frage zu veröffentlichen. Zum Schluss werden die verschiedenen Antworten laut vorgelesen und gemeinsam auf ihre Richtigkeit überprüft.

Beispiel:

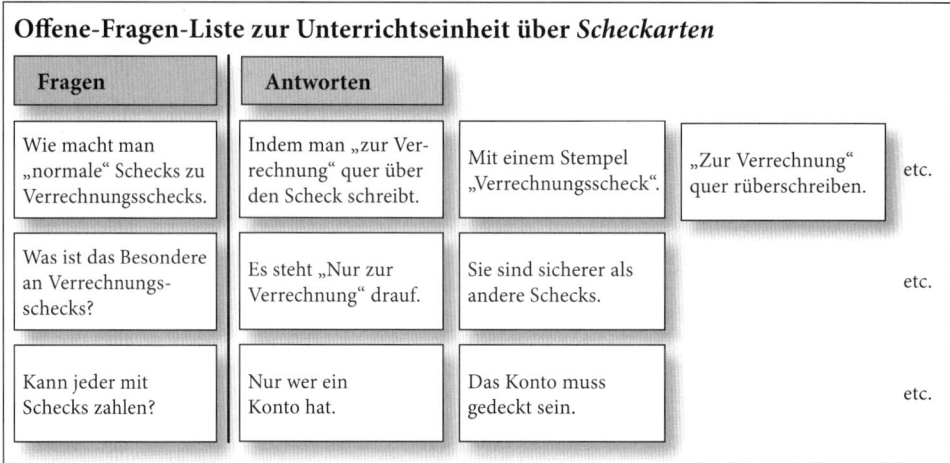

Offene-Fragen-Liste zur Unterrichtseinheit über *Scheckarten*

Fragen	Antworten			
Wie macht man „normale" Schecks zu Verrechnungsschecks.	Indem man „zur Verrechnung" quer über den Scheck schreibt.	Mit einem Stempel „Verrechnungsscheck".	„Zur Verrechnung" quer rüberschreiben.	etc.
Was ist das Besondere an Verrechnungsschecks?	Es steht „Nur zur Verrechnung" drauf.	Sie sind sicherer als andere Schecks.		etc.
Kann jeder mit Schecks zahlen?	Nur wer ein Konto hat.	Das Konto muss gedeckt sein.		etc.

Didaktische Erläuterung:

Diese Vorgehensweise zur Ergebnissicherung im Unterricht ermöglicht den Schüler/-innen größtmögliche Freiheit und Anonymität, ihre Fragen zu stellen, was sie sich im Plenum oft nicht trauen. Zusätzlich bietet die Veröffentlichung der Fragen den Vorteil, dass die Schüler/-innen sie beantworten sollen und nicht die Lehrkraft, wie es im klassischen Fall geschieht. Dadurch kann der Wissensstand innerhalb der Klasse gut überprüft werden, vor allem wenn zu einer Frage zahlreiche (richtige) Antworten gegeben werden. Aber auch falsche oder sehr wenige Antworten zu einer offenen Frage können sehr hilfreich sein, eventuell vorhandene Wissenslücken oder Missverständnisse aufzudecken und zu beheben. Die Lehrkraft sollte sich während der Antwortphase so weit wie möglich im Hintergrund halten und die Schüler/-innen ihre Antworten selbst erläutern lassen. Auf diese Weise kann die Ergebnissicherung und Wiederholung zu einer sehr schüler/-innenaktiven Variante werden.

Um die Antwortmenge ein wenig stärker zu steuern – damit sie weder ausufert noch zu gering ausfällt – kann als Regel eingeführt werden, dass jeder Lernende exakt eine Antwortkarte ausfüllen muss. Die Schüler/-innen können sich dabei aussuchen, auf welche Frage sie antworten wollen. Die Lehrkraft sollte auch auf den Lernnutzen von falschen Antworten hinweisen, damit keine falsche Scheu bei unsicheren Schüler/-innen entsteht. Falls jemand zu keiner der Fragen irgendetwas weiß, soll er das auf die Antwortkarte schreiben und diese trotzdem an die Tafel hängen. Ganz leere Karten oder nur mit Fragezeichen versehene sind dagegen nicht erlaubt! So kann sich keiner aus der Verantwortung stehlen.

Materialien:

Tafel/Pinwand, Stecknadeln/Kreppband, evtl. Kreide, dicke Stifte, A4-Zettel, evtl. vorbereitete Fragekarten

Zeitaufwand:

ca. 1 Unterrichtsstunde

2.3.11 Kreuzworträtsel

Zielsetzung:

Kreativität fördern; sprachliche Ausdrucksfähigkeit erhöhen; spielerisches Wiederholen der Unterrichtsinhalte.

Ablauf:

Die Schüler/-innen erhalten von der Lehrkraft ein vorbereitetes Arbeitsblatt mit einzelnen Kästchen, in denen ein zentraler Begriff entweder allgemein aus dem Wirtschaftsbereich oder zur letzten Unterrichtseinheit bereits vorgegeben ist (waagerecht oder senkrecht). In Partnerarbeit sollen nun zu jedem Buchstaben dieses Wortes dazu passende Begriffe gefunden und „über Kreuz" in das Raster eingefügt werden. Dabei sollen die einzelnen Buchstaben des Ausgangswortes keinesfalls immer Anfangs- oder Endbuchstaben des neuen Begriffes sein, sondern eher mittig liegen. Anschließend erhalten die Schüler/-innen den Auftrag, die verschiedenen Begriffe durchzunummerieren und möglichst präzise Umschreibungen dafür zu finden. Auf einem zweiten Arbeitsblatt, das wiederum nur den Ausgangsbegriff enthält, sollen die einzelnen Paare nun ihr eigenes, noch unausgefülltes Kreuzworträtsel, erstellen, indem sie die Nummern ihrer verschiedenen Begriffe eintragen, die entsprechenden Kästchen farbig kennzeichnen und ihre Begriffsumschreibungen mit den dazugehörigen Nummern darunter schreiben. Sind so von jedem Schüler/-innenpaar die individuellen Kreuzworträtsel erstellt worden, werden sie eingesammelt, gemischt und neu verteilt, sodass nun partnerweise noch unbekannte Rätsel gelöst werden müssen.

Beispiele:

Kreuzworträtsel zum Thema *Rechnungswesen* (von den Schülern bereits ausgefüllt)

1	2	3	4	5	6	7	8	9	10	11	12	13	14
		A											
		B				P		D					
		W		S		F	V	E			M		M
		E	S	K		A	E	V			Z	I	A
	B	I	C	O	B	E	R	I		I	E	G	H
R	E	C	H	N	U	N	G	S	W	E	S	E	N
A	L	H	E	T	C	D	L	E	E	L	E	R	U
B	E	U	C	O	H		E	N	C	K		I	N
A	G	N	K		U	N	I		H	A		C	G
T		G			N		C		S	U		H	
T					G		H	F	E			T	
									L				

Umschreibungen:

1 = Nachlass bei Kauf von großen Mengen, treuen Kunden usw. *(Lösung = RABATT)*

2 = unerlässliches Schriftstück für korrekte Buchhaltung *(Lösung = BELEG)*

3 = auftretende Differenz von zwei Beträgen *(Lösung = ABWEICHUNG)*

4 = Zahlungsmittel *(Lösung = SCHECK)*

Diese Umschreibungen müsste das Schüler/-innenpaar nun auf ein Extrablatt schreiben und die entsprechenden Kästchen auf dem vom Lehrenden anfangs ausgeteilten Blanko-Kreuzworträtsel farbig markieren.

Didaktische Erläuterung:

Ein selbst erstelltes Kreuzworträtsel ist eine kreative Variante der Stoffwiederholung. Durch die Aufteilung in zwei Phasen, zunächst der begrifflichen Assoziation und dann der sprachlichen Umschreibung der gefundenen Begriffe, werden sowohl thematische Aspekte wieder in Erinnerung gerufen als auch die sprachliche Ausdrucks- und Umschreibungsfähigkeit geschult. Eventuell sollte die zweite Phase von der Lehrkraft erst nach erfolgreicher Beendigung der ersten bekannt gegeben werden, weil ansonsten die Assoziationsfähigkeit gerade bei schwierig zu umschreibenden Begriffen „gehemmt" werden könnte.

Außerdem bietet es sich an, die fertigen Kreuzworträtsel zunächst von der Lehrkraft einsammeln zu lassen und für alle zu vervielfältigen, damit jeder Lernende eine Sammlung der verschiedenen Rätsel als selbst gefertigtes Arbeitsmaterial mit nach Hause nehmen kann. Es könnte dann Hausaufgabe sein, die Rätsel bis zur nächsten Stunde zu lösen. Eine solche Sammlung eignet sich auch hervorragend für Vertretungsstunden u. Ä.

Materialien:

vorbereitetes Kreuzworträtselgitter mit einem zentralen Begriff in der Mitte

Zeitaufwand:

ca. 1 Unterrichtsstunde

2.3.12 Interaktive Aufgabensammlung

Zielsetzung:

Gezielte Fragestellung lernen; didaktische Fähigkeiten stärken; Schüler/-innen sollen zentrale Unterrichtsinhalte auswählen und erklären können.

Ablauf:

Jeder Lernende überlegt sich 1–2 Fragen oder Rechenaufgaben zum Unterrichtsthema und schreibt diese sowie die korrekte Lösung (!) mit Namen auf einen Zettel. Die Lehrkraft sammelt diese Zettel ein und erstellt aus allen Schülerfragen bis zum nächsten Mal eine Aufgabensammlung, wobei hinter jeder Frage bzw. Aufgabe der Schülername steht. Die Lösungen werden selbstverständlich nicht mit abgedruckt. Nun bearbeiten die Schüler/-innen möglichst in Einzelarbeit diesen Bogen und wenn sie eine Frage nicht beantworten können, wenden sie sich nicht an die Lehrkraft, sondern an den betreffenden Frage- bzw. Aufgabensteller, damit der ihnen weiterhilft – denn der hat ja schließlich die Lösung.

Didaktische Erläuterung:

Die Interaktive Aufgabensammlung ist als Ergebnissicherung bzw. Wiederholung eine besonders geeignete Methode, denn die Lernenden befinden sich dabei sowohl in der Rolle des Bearbeiters als auch in der eines Experten und können so ihre eigenen didaktischen Fähigkeiten üben. Außerdem sind die Schüler/-innen meist motivierter, sich wiederholend mit den Unterrichtsinhalten auseinanderzusetzen, wenn die Fragen nicht von der Lehrkraft, sondern von den Mitschüler/-innen gestellt werden. Der Ehrgeiz, diese Aufgaben dann für sich allein lösen zu können, ist in der Regel ebenfalls größer als bei zentral vorgegebenen Aufgaben, bei denen die Lernenden oft allzu leicht aufgeben und allein auf die Antwort der Lehrkraft vertrauen. Zur Sicherheit sollte die Lehrkraft jedoch die eingesammelten Fragen samt Lösungen vorher auf ihre Richtigkeit überprüfen, damit gewährleistet ist, dass die Schüler/-innen nichts Falsches lernen, wenn sie sich bei den Lösungen an den Fragesteller wenden. Die eingesammelten Zettel müssen deshalb auch vor der Beantwortung der Aufgabensammlung an die jeweiligen Schüler wieder zurückgegeben werden, da sie die Lösung ja nicht mehr vorliegen haben.

Da einige Fragen sicherlich doppelt vorkommen, kann man als Variante auch vorgeben, dass sich alle Schüler/-innen möglichst 3 verschiedene Fragen ausdenken sollen. Dann kann die Lehrkraft eine Auswahl treffen, sodass jeder Lernende mindestens eine Frage auf dem Aufgabenzettel gestellt hat und auch beantworten kann.

Wenn alle die Aufgabensammlung gelöst haben, kann man sich abschließend zusammensetzen und ein kurzes Feedback geben. Wo lagen eventuell Probleme und Schwachstellen, wie waren die Erklärungen der Mitschüler/-innen, was könnte man dabei noch verbessern etc. Auf diese Weise reflektieren die Lernenden noch einmal ihre didaktischen Fähigkeiten und haben die Möglichkeit, diese bei anderen Anlässen zu verbessern.

Materialien:

Zettel, Stifte

Zeitaufwand:

→ ca. 20 Minuten für die individuelle Fragestellung und Lösungserarbeitung

→ ca. 1–2 Unterrichtsstunden für die Bearbeitung der Aufgabensammlung

10 Brecker, Bausteine – ISBN 978-3-8120-0394-0

2.3.13 Begriffstabelle

Gesamtwiederholung des Gelernten; Wissensstand in Kleingruppen selbstständig überprüfen und gegebenenfalls erweitern; gegenseitiges Erklären üben; Wissenslücken entdecken und schließen können; eigene Heftführung überprüfen.

Ablauf:

Die Schüler/-innen sollen sich am Ende einer Unterrichtseinheit in Vierergruppen zusammenschließen. Die Lehrkraft verteilt dann eine Begriffstabelle, auf der wichtige Stichworte aus der vorangegangenen Unterrichtseinheit stehen. Immer abwechselnd erklärt nun jeder aus der Gruppe einen selbst gewählten Begriff aus der Tabelle kurz mit eigenen Worten (am besten mit anschaulichem Beispiel) – ohne vorher in seine Unterlagen zu schauen. Die anderen Gruppenmitglieder sollen gut aufpassen, ob auch alles stimmt, was ihnen erzählt wird und Rückfragen stellen, wenn es Verständnisprobleme gibt. Ist alles klar und richtig, dann wird der Begriff in der Tabelle durchgestrichen und der Nächste aus der Gruppe wählt sich einen Begriff aus etc. Zum Schluss müssen alle Begriffe erklärt worden sein. Wenn alle einmal gar nicht weiterwissen oder unsicher sein sollten, schauen sie zunächst in ihre Unterlagen und fragen erst dann die Lehrkraft.

Beispiele:

(1) Begriffstabelle zum Thema *Grundlagen des Wirtschaftens*

Bedürfnisse	Maslow'sche Bedürfnispyramide	Kollektivbedürfnisse	Bedarf
Volkswirtschaftliche Produktionsfaktoren	Betriebswirtschaftl. Produktionsfaktoren	Arten von Werkstoffen	Substitution von Produktionsfaktoren
Komplementärgüter	Substitutionsgüter	Freie Güter	Wirtschaftliche Güter
Produktionsgüter	Konsumgüter	Einfacher Wirtschaftskreislauf	Minimalprinzip
Maximalprinzip	etc.		

(2) Begriffstabelle zum Thema *Grundlagen der Buchführung*

GoB	Körperliche Inventur	Buchinventur	Stichtagsinventur
Verlegte Inventur	Permanente Inventur	Stichprobeninventur	Inventar
Bilanz	Aktivseite der Bilanz	Passivseite der Bilanz	Geschäftsfall
Aktivtausch	Passivtausch	Aktiv-Passiv-Mehrung	Aktiv-Passiv-Minderung
Bestandskonto	etc.		

Didaktische Erläuterung:

Durch den Einsatz einer vorgegebenen Begriffstabelle bei der Wiederholung können die Schüler/-innen für sich selbst gut überprüfen, welche Inhalte sie im Unterricht gelernt und behalten haben – und wo eventuell noch Lücken bestehen. Indem diese Überprüfung in einer Kleingruppe stattfindet, können sich die Schüler/-innen untereinander kontrollieren und helfen, was vielen Lernenden leichter fällt, als der Lehrkraft gegenüber Wissenslücken einzugestehen oder Verständnisfragen zu stellen. Bei leistungsmäßig sehr heterogenen Klassen macht es durchaus Sinn, die Gruppen so einzuteilen, dass jeweils ein bis zwei leistungsstarke Schüler/-innen mit zwei leistungsschwächeren zusammensitzen. Wichtig ist auch, dass sich jeder beim Erklären einen beliebigen Begriff aus der Tabelle heraussuchen kann, und die Tabelle nicht der Reihe nach durchgegangen werden muss. So ist die Chance auf ein Erfolgserlebnis auch bei schwächeren Schüler/-innen größer.

Die Gruppen sollten im Vorfeld ausdrücklich darauf hingewiesen werden, dass bei Unklarheiten zunächst in den Unterlagen nachzuschauen ist, bevor die Lehrkraft hilft. Dadurch soll die Selbstständigkeit der Schüler/-innen beim Lernen und Wiederholen gestärkt werden und gleichzeitig kann die eigene Heftführung überprüft werden.

Erfahrungsgemäß geht diese Methode mit einem recht hohen Lärmpegel einher, da viele Schüler/-innen in der Klasse gleichzeitig reden. Falls weitere Räumlichkeiten zur Verfügung stehen, sollte eventuell darauf zurückgegriffen werden.

Materialien:

vorbereitete Begriffstabelle; Unterlagen der Schüler/-innen; Stifte

Zeitaufwand:

je nach Umfang der Begriffstabelle ca. 30 Minuten

2.3.14 Personalisierte Übungsaufgaben

Zielsetzung:

Aufmerksamkeit und Interesse wecken; Lernzielkontrolle für den Unterrichtsstoff; Schüler/-innen aktiv in das Thema einbinden; Klassengemeinschaft fördern.

Ablauf:

Die Lehrkraft überlegt sich passende Übungsaufgaben zum Unterrichtsthema in denen mehrere Schüler/-innen aus der Klasse mit ihren Eigenheiten, Hobbies, etc. eine Rolle spielen. Daraus wird ein Arbeitsblatt erstellt, welches die Schüler/-innen dann in Einzelarbeit bearbeiten sollen.

Beispiele:

(1) Personalisierte Übungsaufgaben zum Thema
   Verteilung des Volkseinkommens

Leitfrage: Zählen folgende Beispiele jeweils zu den Arbeitnehmerentgelten oder zu den Unternehmens- und Vermögenseinkommen?

	Lösungsspalte
Melanie spart auf einen neuen Ponyhaarschnitt von Münchens Superstarfriseur und erhält für ihr bisheriges Vermögen von 50,00 € insgesamt 1,50 € Zinsen.	
Sarah bekommt von ihrem Arbeitgeber 250,00 € Weihnachtsgeld und geht davon gemeinsam mit Lisa shoppen, die sich ein Teil nach Wunsch als Geschenk aussuchen darf.	
Marc hat von einer alten Dame, die er im letzten Jahr regelmäßig im Altenheim besucht hat (und die ganz plötzlich und unerwartet gestorben ist...), eine Wohnung geerbt und erhält daraus Mieteinnahmen von 480,00 € im Monat.	
Bernhard, Bea und Benni machen sich nach der Ausbildung als Anwesenheitstrainer für Berufsschulen selbstständig und sie haben am ersten Geschäftsjahresende als Betriebsergebnis schon 50.000,00 € übrig.	
Für die Geburt ihres zweiten Kindes erhält Marie von ihrem sehr sozial eingestellten Arbeitgeber eine Sonderzuwendung von 5.000,00 €.	
usw.	

(2) Personalisierte Übungsaufgaben zum Thema
   Prozentrechnung

a) Sascha träumt in 80 % der Mathe-Unterrichtszeit, dass er als erfolgreicher Rapper auf der Bühne steht und Claudia sein größter Fan ist. Diese Träumerei entspricht 96 Minuten. Wie viele Mathematikminuten stehen insgesamt zur Verfügung und wie kann er seine Träume verwirklichen?

b) Franzi hat das Gefühl, dass im Laufe der letzten Unterrichtsstunden bereits 75 % ihrer Gehirnmasse eingeschlafen ist, das entspricht 60.000.000.000 grauen Zellen. Wie viele Zellen hat sie insgesamt und wie kann man die anderen wieder aufwecken?

c) Christian kauft sich für den Fasching ein Batmankostüm, das ursprünglich mit 89,00 € ausgezeichnet war, aber um 20 % reduziert angeboten wird, weil der Schneiderlehrling aus Versehen Hasenohren an die Kapuze genäht hat. Wie teuer ist das Kostüm jetzt und wie wird Christian damit trotzdem Partykönig?

d) Ugur, Sascha und Flo mussten sich in den Monaten September bis Januar jeweils unterschiedlich häufige Ermahnungen ihrer Lehrkräfte über den Missbrauch von Kopfhörern im Unterricht anhören: September = 58.000, Oktober = 66.000, November = 63.000, Dezember = 68.000, Januar = 81.000
Um wie viel % überstiegen die Ermahnungen im Januar das Durchschnittsgemecker der vorherigen vier Monate und welche Konsequenzen sollten jetzt folgen??

Didaktische Erläuterung:

Normalerweise sind die Aufgaben zur Wiederholung und Übung von kaufmännischen Inhalten sehr theoretisch formuliert, sodass oft nur von Personen bzw. Unternehmen A, B oder C die Rede ist. Indem man damit bricht und stattdessen die Schüler/-innen einer Klasse mit ihren Eigenheiten, Vorlieben – oder auch kleinerem Fehlverhalten im Unterricht – zu Hauptakteuren macht, sorgt man in jedem Fall für ein viel größeres Interesse an den Übungsaufgaben, insbesondere wenn man eine humorige Komponente mit hineinbringt. Ebenso wie bei den personalisierten Einstiegsfällen in ein Thema gilt natürlich auch hier, dass die Lehrkraft bei der Aufgabenformulierung je nach Verhältnis zwischen Lehrkräften und Schüler/-innen sowie dem Charakter der Beschriebenen genau abschätzen muss, wie der Inhalt von den Schüler/-innen verstanden wird. Es soll und darf keiner bloßgestellt oder lächerlich gemacht werden! Wenn darauf geachtet wird, kann die Übungsphase mit personalisierten Aufgaben eine sehr lustige Angelegenheit werden und durchaus zu interessanten (kurzen) Diskussionen führen, falls man zusätzlich die Variante wählt, dass nicht nur die richtige Lösung gefragt ist, sondern die Fragestellung eine weitere fallbezogene Komponente enthält – wie in obigem Beispiel bei den Rechenaufgaben dargestellt.

Der Vorbereitungsaufwand für solche Aufgaben ist natürlich größer, als würden vorgegebene Fragen verwendet, weil sie nur einmal für jede Klasse eingesetzt werden können. Oft gibt es aber doch ähnliche Typen mit vergleichbaren Hobbies oder Eigenschaften in allen Klassen, sodass man viele Aufgaben nur minimal abwandeln muss. Wenn man nur ab und zu diese Form der Übung wählt, ist der Zeitaufwand überschaubar – und erfahrungsgemäß sehr lohnend!

Materialien:

Vorbereitete Arbeitsblätter mit personalisierten Übungsaufgaben

Zeitaufwand:

unterschiedlich, je nach Aufgabenstellung und -menge

2.3.15 Spiegelbildtabelle

Zielsetzung:

Selbstständige Lernzielkontrolle für den Unterrichtsstoff; gemeinsames Lernen und Wiederholen von Inhalten; Präzises Lesen und Formulieren üben; Kooperations- und Argumentationsfähigkeit erhöhen.

Ablauf:

Nach Ablauf einer Unterrichtseinheit erstellt die Lehrkraft für sich eine Tabelle mit zentralen Fragen, welche die Schüler/-innen mit ihrem Wissen nun beantworten können sollten. Die Antworten werden auch bereits in die Tabelle eingetragen. Für den Einsatz im Unterricht wird diese vollständige Lösungstabelle nun in zwei unterschiedlichen Schülerversionen erstellt: Die eine Hälfte der Klasse (Gruppe A) erhält eine Tabelle, in der immer abwechselnd Fragen oder Antworten vorgegeben sind – und jeder für sich soll dann die dazu passende Lösung in die jeweils leere Tabellenspalte schreiben.

Die andere Hälfte (Gruppe B) erhält die dazu spiegelbildliche Tabelle: Die fehlenden Antworten von A sind hier bereits vorgegeben, dafür sollen die Schüler/-innen dann die dazu passenden Fragen formulieren – und umgekehrt. Falls jemand eine Frage bzw. Antwort nicht aus dem Kopf weiß, darf er in seinen Unterlagen nachschauen.

Wenn ein Schüler fertig ist, sucht er sich jemand aus der anderen Gruppe, der auch bereits fertig ist und vergleicht mit diesem, ob die Fragen auch zu den Antworten passen und umgekehrt. Die Lehrkraft sollte aber ausdrücklich darauf hinweisen, dass durchaus auch mal Abweichungen in der individuellen Frage- und Antwortstellung möglich sind, die trotzdem richtig sein können. Das soll möglichst im Zweiergespräch geklärt werden, wenn auch dann noch Unklarheiten bestehen, hilft die Lehrkraft.

Beispiel:

Spiegelbildtabelle zum Thema *Grundlagen der Finanzierung*[1]

GRUPPE A:	
Fragen	**Antworten**
Worin besteht der Zusammenhang zwischen Investition und Finanzierung?	
	Die Selbstfinanzierung und die Finanzierung aus Abschreibungen.
Was ist ein Kontokorrentkredit?	
	Der tatsächlich zu zahlende Zinssatz für einen Kredit inklusive sämtlicher anfallender Bearbeitungskosten.
Welchen besonderen Vorteil bietet das Leasing als Sonderform der Finanzierung?	
etc.	

GRUPPE B:	
Fragen	**Antworten**
	Der erste Begriff steht für die Kapitalverwendung, der zweite für die Kapitalbeschaffung.
Welche Finanzierungsarten gehören zur Innenfinanzierung?	
	Die Bezeichnung für die Überziehung des Firmenkontos bis zu einem vereinbarten Kreditrahmen (vergleichbar mit Dispokredit für Privatleute)
Was ist ein effektiver Jahreszins?	
	Man muss für notwendige Investitionen keinen Kredit aufnehmen, sondern kann den benötigten Gegenstand quasi „mieten".
etc.	

---

1   Beispiel aus: Brecker (2008), S. 75 ff.

Didaktische Erläuterung:

Die Spiegelbildtabelle als Methode zur Wiederholung im Unterricht ist erfahrungsgemäß eine bei den Schüler/-innen sehr beliebte Variante der Lernzielkontrolle. Sie können selbstständig ihr Wissen überprüfen und es anschließend mit einem gleich schnellen oder langsamen Partner aus der anderen Gruppe vergleichen. Der wesentliche Vorteil dabei ist, dass dann sowohl die von der Lehrkraft formulierten passenden Fragen als auch Antworten vorliegen und insbesondere unsichere Schüler/-innen dadurch sicher sein können, zum Schluss alles richtig auf dem Blatt stehen zu haben. Aber die Lehrkraft sollte auch immer wieder deutlich machen, dass Abweichungen von der Musterlösung nicht automatisch falsch sein müssen, sondern dass in solchen Fällen beide Partner diskutieren sollen, ob die individuelle Lösung auch möglich ist!

Wichtig ist vor allem bei der Fragenformulierung, dass sie zur vorgegebenen Antwort passt. Hier wird neben dem reinen Fachwissen auch die Lese- und Sprachkompetenz der Schüler/-innen trainiert, was ein weiterer Vorteil dieser Methode ist.

Bei der Einteilung der Gruppen ist darauf zu achten, dass A und B in der Einzelarbeitsphase nicht nebeneinander sitzen dürfen, damit die Schüler/-innen die bei ihnen fehlende Frage bzw. Antwort nicht einfach vom anderen abschreiben können. Sinnvoll ist es daher, die Klasse z. B. in Fenster- und Wandseite zu teilen.

Materialien:

Vorbereitete Wechseltabelle in 2 Varianten (A und B)

Zeitaufwand:

je nach Fragenanzahl ca. 30 Minuten

2.3.16 Fragekartenrundlauf

Selbstständige Lernzielkontrolle für den Unterrichtsinhalt; Eigenverantwortung für das Lernen erhöhen; Kommunikation innerhalb der Klasse fördern.

Ablauf:

Die Lehrkraft erstellt eine zweispaltige Tabelle mit zentralen Fragen zur letzten Unterrichtseinheit (oder zur nächsten Schulaufgabe, Prüfung, etc.). Es sollten möglichst genauso viele Fragen sein, wie Schüler/-innen in der Klasse sind. Diese Tabelle wird dann einmal auf A3 groß kopiert und die Fragekarten (Tabellenzellen) werden einzeln ausgeschnitten. Nun erhält jeder Schüler eine Karte. Die Schüler/-innen sollen jetzt die Antwort auf ihre Frage stichwortartig auf die Kartenrückseite schreiben. Wenn sie unsicher sind, können sie auch in ihren Unterlagen nachschauen. Die Lehrkraft sagt ausdrücklich, dass in dieser Phase nicht geholfen wird! Anschließend werden alle Karten mit der Frageseite nach oben auf den Boden einer größeren Freifläche ausgelegt – idealerweise die geräumte Mitte des Klassenzimmers. Alle Schüler/-innen sollen nun eine der Karten aufheben und sich dann paarweise oder maximal zu dritt zusammenfinden. Dann stellen sich die Paare bzw. Dreiergruppen gegenseitig ihre Fragen und der Vorlesende kontrolliert jeweils auf der Rückseite der Fragekarte, ob die gegebene Antwort stimmt und korrigiert sie gegebenenfalls. Falls die Schüler/-innen unsicher sind, ob die schriftliche Antwort auf der Kartenrückseite so richtig ist, können sie nun die Lehrkraft fragen. Definitiv falsche Antworten auf der Kartenrückseite sollen dann ausgebessert werden.

Wenn alles richtig beantwortet bzw. geklärt wurde, legen die Schüler/-innen die Karten wieder auf den Boden zurück, die Paare/Dreiergruppen lösen sich auf und jeder nimmt eine neue Karte vom Boden. Es werden dann neue Mitschüler/-innen als Partner gesucht und die nächste Fragerunde beginnt. Der Fragekartenrundlauf sollte so lange durchgeführt werden, bis die Schüler/-innen alle Karten mindestens einmal durchgenommen haben.

Beispiele:

(1) Fragekarten zum Thema *Kaufvertragsgrundlagen*	
Was versteht man unter den AGB?	Welcher Zusammenhang besteht zwischen dem AGB und den gesetzlichen Vorschriften zum Kaufvertrag?
Was versteht man unter dem „Erfüllungsort" im Vertragsrecht?	Welche gesetzliche Regelung gilt für den Erfüllungsort bei Waren- und Geldschulden?
Welche gesetzliche Regelung gilt für den Gerichtsstand bei Rechtsstreitigkeiten der Vertragsparteien?	Wie kommt ein Kaufvertrag grundsätzlich zustande?
Wann sind Angebote verbindlich?	etc.

(2) Fragekarten zum Thema *Arbeitsrecht*

Was versteht man unter einem „einfachen Zeugnis"?	Was versteht man unter einem „qualifizierten Zeugnis"?
Warum gibt es eine „Geheimsprache" in Arbeitszeugnissen?	Welche gesetzlichen Kündigungsfristen gelten für Kündigungen durch den Arbeitnehmer?
Welche gesetzlichen Regelungen muss man bei Kündigungen durch den Arbeitgeber beachten?	Was muss man tun, wenn man mit einer Kündigung nicht einverstanden ist?
Was versteht man unter einer „außerordentlichen" Kündigung?	Welche drei Kategorien von Kündigungsgründen sind im Allgemeinen Kündigungsschutz vorgesehen?
Welche Personengruppen genießen einen besonderen Kündigungsschutz?	etc.

Didaktische Erläuterung:

Der Fragekartenrundlauf ist eine sehr lebhafte Methode bei der Wiederholung wichtiger Unterrichtsinhalte, da viele Schüler/-innen gleichzeitig reden und nach den Karten greifen. Man sollte deshalb auf ausreichend Platz für das Auslegen der Fragekarten achten. Falls die Möglichkeit besteht, bietet sich ein Ausweichen auf größere Fußbodenflächen außerhalb des Klassenzimmers an.

Die Lehrkraft sollte auch darauf achten, dass die Schüler/-innen tatsächlich ihre Fragepartner regelmäßig durchwechseln, da ein Wechsel der Kommunikationspartner bei dieser Methode ausdrücklich gewünscht ist. Wenn sich dadurch einige Fragekarten für den Einzelnen wiederholen, ist das durchaus sinnvoll, da dann vieles besser hängen bleibt. Und die Frage, die man vielleicht beim ersten Mal nicht beantworten konnte, weiß man dann idealerweise beim zweiten Mal.

Wichtig ist, dass die Lehrkraft in der ersten Phase ausdrücklich darauf hinweist, dass jeder selbstständig die Antwort auf seine Frage formuliert. Dadurch soll die Selbstverantwortung der Schüler/-innen gefördert werden und sie können gleichzeitig kontrollieren, ob ihre Unterlagen vollständig sind. Grundsätzlich sollte die Lehrkraft darauf achten, dass die Fragekarten nicht zu klein ausfallen, damit die Schüler/-innen zumindest in Stichworten die Antworten darauf festhalten können.

Wenn der Fragekartenrundlauf beendet ist, bietet es sich für die Lehrkraft an, die Karten aufzubewahren. Sie können dann später an anderer Stelle gut noch einmal für ein Quiz oder einen nochmaligen kurzen Wiederholungsrundlauf eingesetzt werden.

Materialien:

Vorbereitete Wiederholungsfragen auf ausgeschnittenen Kärtchen

Zeitaufwand:

ca. 30 Minuten

Unterrichtsauswertung

2.4   Unterrichtsauswertung

Die Schüler/-innen als Lernsubjekte ernst zu nehmen bedeutet auch, sie an der Auswertung des Unterrichts zu beteiligen. Diese Phase des Unterrichts wird in der didaktischen Literatur jedoch eher selten angesprochen, teilweise wird sie auch mit der Ergebnissicherungs- und Wiederholungsphase gleichgesetzt. Hier soll jedoch zwischen methodischen Verfahren zur Ergebnissicherung und zur Wiederholung sowie zwischen der Unterrichtsauswertung getrennt werden. Dabei gilt die Prämisse, dass eine Sicherung der Ergebnisse überwiegend auf kognitive Lernresultate ausgerichtet ist und eine Auswertung des vergangenen Unterrichts sich hauptsächlich auf affektive Haltungen und Emotionen bezüglich des Unterrichtsthemas bezieht. Nach dieser Unterscheidung bieten sich sicherlich nicht alle kaufmännischen Inhalte für eine solche Auswertung an, weil man über begriffliche Definitionen und über Faktenwissen kaum diskutieren kann. Geeignet sind Themenbereiche, welche kritisch hinterfragt werden können, die gerade in der aktuellen Diskussion wiederzufinden sind, oder zukünftige Planungen, Verfahren, Visionen etc. Auch die Gestaltung und der Ablauf des Unterrichts kann mit in die Auswertung einbezogen werden, vor allem wenn sehr schüler/-innenaktive Bearbeitungsmethoden über einen längeren Zeitraum erfolgt sind. Eine Rückmeldung von den Lernenden ist dann sehr wichtig und hilfreich in Bezug auf die weitere Unterrichtsplanung.

Die Unterrichtsauswertung kann demzufolge nicht immer streng von meta-unterrichtlichen Verfahren getrennt werden, wie sie im nächsten Kapitel vorgestellt werden. Eine strikte, eindeutige Kategorisierung der verschiedenen methodischen Vorschläge erscheint aber auch wenig sinnvoll, weil Variationen und Modifizierungen der hier vorgestellten Bausteine durchaus erwünscht sind.

In diesem Kapitel werden einige methodische Möglichkeiten und geeignete Beispiele vorgestellt, wie man die Haltungen, Gefühle und Wahrnehmungen der Schüler/-innen bezüglich des vergangenen Unterrichts auswerten kann. Dazu bieten sich sowohl kurze, prägnante Methoden der individuellen Meinungsabfrage wie die *Sprechsteinrunde*, das *Kofferpacken* und die *Eigenschaftsliste* an, oder es werden diskursive, kommunikationsbetontere Methoden wie die *Ampelwertung*, die *Meinungskette* oder die *Impulsplakate* eingesetzt.

2.4.1 Sprechsteinrunde

Strukturierung und Sortierung von Gedankengängen üben; möglichst knappe und präzise Verbalisierung von Meinungen und Haltungen erlernen; verbale Rückmeldung für die Lehrkraft über den Unterricht

Ablauf:

Die Schüler/-innen sitzen im Kreis oder in Hufeisenform. Sie erhalten den Auftrag, zu einer bestimmten Fragestellung nur einen einzigen Satz zu äußern, der für sie die wesentliche Aussage dazu enthält. Das geschieht, indem ein bestimmter Gegenstand – am besten ein dicker, runder Stein – der Reihe nach herumgegeben wird.

Zu beachten ist dabei, dass die einzelnen Äußerungen nicht kommentiert werden dürfen.

Beispiele:

(1) **Thematische Auswertung über den *Wirtschaftsstandort Deutschland***

   Frage: *„Worin seht ihr das größte Problem für den Wirtschaftsstandort Deutschland?"*

(2) **Allgemeine Rückmeldung zum Stundenabschluss**

   Frage: *„Was hat euch an der Stunde heute gefallen oder nicht gefallen?"*

(3) **Rückmeldung über Lernziele**

   Frage: *„Was habt ihr persönlich in der letzten Unterrichtseinheit gelernt?"*

Didaktische Erläuterung:

Die Sprechsteinrunde – in der Literatur teilweise auch „Blitzlicht" genannt – bietet sich außer zur Unterrichtsauswertung zu fast allen Gelegenheiten an, in denen die Schüler/-innenmeinung interessant ist, z. B. für den Meta-Unterricht oder auch als Stundeneinstieg im Hinblick auf die Erwartungen der Schüler/-innen.

Es ist darauf zu achten, dass auch wirklich immer nur ein möglichst kurzer, prägnanter Satz gesagt wird, weil die Runde ansonsten schnell langatmig wird – vor allem bei großer Schüler/-innenzahl. Es kann vorkommen, dass sich einige Lernende einer Äußerung dadurch zu entziehen versuchen, dass angeblich alles schon gesagt worden sei. Das sollte aber nicht durchgelassen werden, denn auch wiederholte Antworten können aufschlussreich sein.

Materialien:

ein dicker, runder Stein (sonst geht auch eine Apfelsine, ein Tennisball etc.)

Zeitaufwand:

ca. 15 Minuten

Literaturhinweis:

Greving/Paradies (1996), S. 210 f.

2.4.2   Kofferpacken

Individuelle Reflexion über die letzte Unterrichtseinheit ermöglichen; Nachdenken über persönlichen Nutzen des Unterrichts.

Ablauf:

Am Ende einer Unterrichtseinheit verteilt die Lehrkraft an jeden Schüler einen Zettel, auf dem ein Koffer als Rahmen abgebildet ist.

Die Schüler/-innen werden nun gebeten, in diesen „Koffer" das hineinzutun (sprich: reinzuschreiben), was sie aus der vergangenen Unterrichtseinheit für sich persönlich mit nach Hause nehmen. Das können sowohl thematische Erkenntnisse, Problemstellungen und offen gebliebene Fragen sein als auch persönliche Haltungen, Gefühle, Erweiterungen von individuellen Fähigkeiten etc.

Dafür erhalten die Schüler/-innen ca. 5–10 Minuten Zeit. Anschließend werden die verschiedenen „Koffer" an die Tafel oder an eine Pinnwand gehängt, damit alle sehen können, was ihre Mitschüler/-innen von dem Thema mit nach Hause nehmen. Das sollte möglichst anonym erfolgen.

Wenn dazu noch Fragen oder Kommentare auftauchen, kann man diese gut gemeinsam besprechen, bevor jeder seinen eigenen „Koffer" mit nach Hause nehmen kann.

Beispiele:

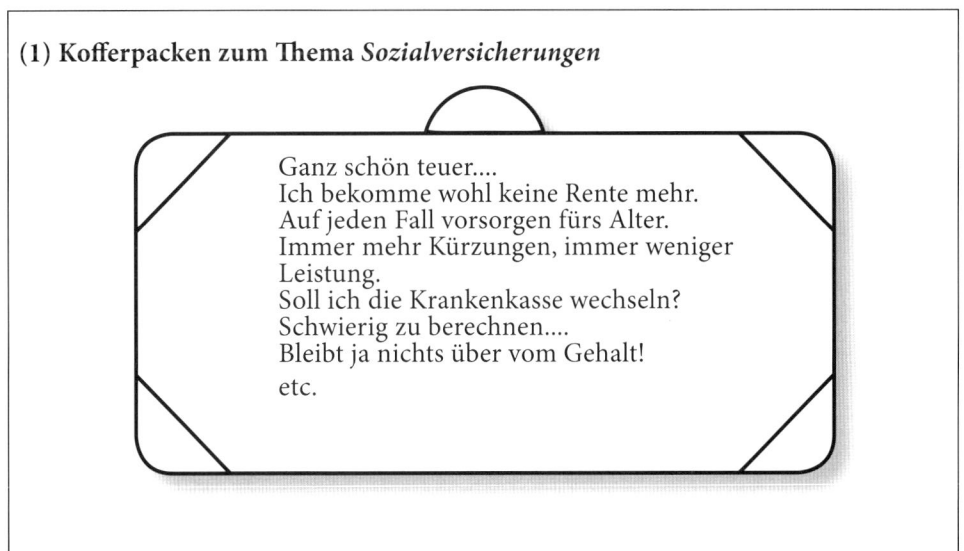

(1) **Kofferpacken zum Thema** *Sozialversicherungen*

> Ganz schön teuer....
> Ich bekomme wohl keine Rente mehr.
> Auf jeden Fall vorsorgen fürs Alter.
> Immer mehr Kürzungen, immer weniger Leistung.
> Soll ich die Krankenkasse wechseln?
> Schwierig zu berechnen....
> Bleibt ja nichts über vom Gehalt!
> etc.

11 Brecker, Bausteine – ISBN 978-3-8120-0394-0

(2) Kofferpacken zum Thema *Wirtschaftskreislauf*

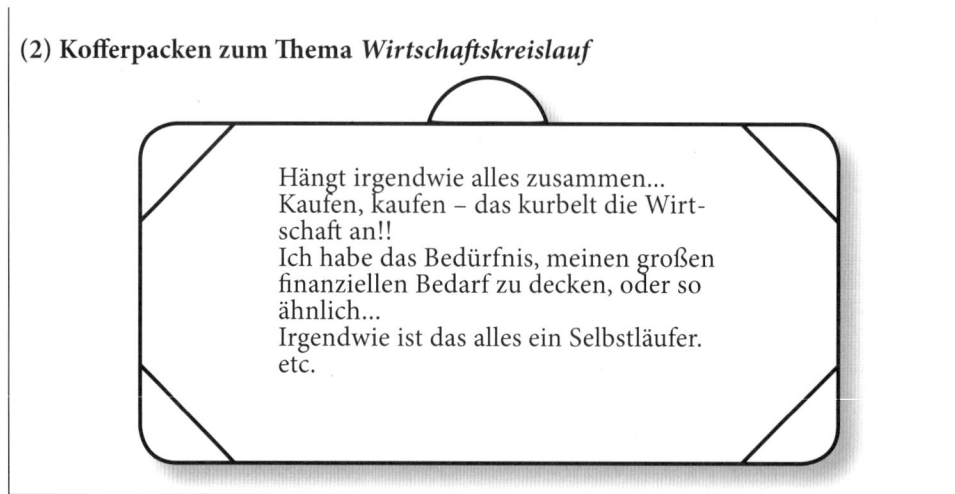

Hängt irgendwie alles zusammen...
Kaufen, kaufen – das kurbelt die Wirtschaft an!!
Ich habe das Bedürfnis, meinen großen finanziellen Bedarf zu decken, oder so ähnlich...
Irgendwie ist das alles ein Selbstläufer.
etc.

Didaktische Erläuterung:

Das Kofferpacken ist zunächst eine sehr persönliche und ruhige Reflexion der vorangegangenen Unterrichtseinheit, da die Schüler/-innen wirklich nur das in den Koffer hineinschreiben sollen, was sie persönlich aus der letzten Unterrichtseinheit mit nach Hause nehmen. Das heißt, die Lehrkraft sollte darauf hinweisen, dass hier keine thematische Wiederholung im Sinne von Merksätzen oder Begriffen gefragt ist, sondern individuelle Eindrücke, Erkenntnisse oder persönliche Fragen, die sich aus dem Thema ergeben, festgehalten werden sollen. Aus diesem Grund ist das Kofferpacken am besten für Themengebiete geeignet, die in irgendeiner Form die persönliche Betroffenheit der Schüler/-innen erkennen lassen.

Man könnte auf die anschließende Veröffentlichung der Kofferinhalte verzichten, andererseits ist es spannend und aufschlussreich zu lesen, was die Mitschüler/-innen aufgeschrieben haben. Es können sich daraus gute Diskussionsansätze ergeben.

Materialien:

Koffervorlagen-Zettel

Zeitaufwand:

ca. 30 Minuten

2.4.3 Meinungskette

Zielsetzung:

Argumentations-/Aussagenkette der Schüler/-innen erhalten; gegenseitige Bezugnahme üben; Visualisierung der unterschiedlichen Aussagen für alle.

Ablauf:

Die Schüler/-innen sollen jeder für sich eine zentrale Aussage über die vergangene Unterrichtseinheit auf einen A4-Zettel schreiben. Anschließend werden alle Zettel im Uhrzeigersinn drei Schüler/-innen weiter rumgegeben, sodass jeder eine andere Aussage vor sich liegen hat. Diese jeweilige Aussage soll nun kommentiert werden, bevor die Zettel erneut drei Schüler/-innen (oder vier, fünf etc.) weiterwandern. Die beiden verschiedenen Aussagen auf dem Zettel werden wiederum kommentiert und dann noch einmal weitergegeben. Das sollte ca. 5–6 mal geschehen, sodass jede Aussage auf den Zetteln mehrmals von verschiedenen Schüler/-innen ergänzt, bestätigt oder widerlegt werden kann. Anschließend werden die Zettel an der Tafel oder an einer Pinnwand aufgehängt und alle können herumgehen und sich die Meinungsketten ansehen. Über einige besonders auffällige Bemerkungen kann anschließend gemeinsam diskutiert werden.

Beispiele:

---

(1) Meinungskette zum Thema *Kreditarten und Kreditsicherungsmöglichkeiten*

1. Schülerin:	*Eine spannende und interessante Unterrichtseinheit!*
4. Schüler:	Streberin! Das war doch total langweilig!
7. Schüler:	*Fand ich nicht, ich habe viel gelernt.*
10. Schülerin:	Finde ich auch. Besonders gut war das Fallbeispiel.
13. Schüler:	*Stimmt. Wie aus dem Leben...*
16. Schülerin:	Also weiß nicht. Ich brauchte noch nie einen Kredit.

(2) Meinungskette zum Thema *Marktformen*

1. Schülerin:	*Wer ein Monopol hat, hat ausgesorgt!*
4. Schüler:	Stimmt!
7. Schüler:	*Lasst uns doch ein Monopol aufmachen.*
10. Schülerin:	Ja – aber womit?
13. Schüler:	*Man muss nur 'ne gute Idee haben...*
16. Schülerin:	Ihr spinnt doch!

Didaktische Erläuterung:

Eine solche Form der Unterrichtsauswertung ist durch die gegenseitige Bezugnahme der Aussagen sehr reizvoll, weil auf diese Weise viele unterschiedliche Meinungen und

Standpunkte deutlich werden. Auch für die Schüler/-innen ist das oft spannender als eine mündliche Reflexion, denn die schriftliche Kommentierung verläuft in der Regel freier und anonymer. Es sollte vorher vereinbart werden, dass nicht nur inhaltliche Elemente zentral sein können, sondern auch persönliche Lernfortschritte, Haltungen, Ideen etc., was die Meinungskette noch vielfältiger und interessanter macht. Bei der anschließenden Veröffentlichung und Diskussion der Aussagen sollte jedoch kein Schüler dazu verpflichtet sein, sich zu seinen Äußerungen zu bekennen. Das würde zukünftige Meinungsketten in ihrer Offenheit eventuell hemmen – und gerade die ist spannend!

Materialien:

A4-Zettel, Stifte, Tafel/Pinwand, Kreppband/Stecknadeln

Zeitaufwand:

ca. 30 Minuten

Literaturhinweis:

Greving/Paradies (1996), S. 171 ff.

2.4.4 Ampelwertung

Zielsetzung:

Breites Meinungsbild erstellen; spielerischen Meinungsaustausch ermöglichen; Reflexion über die letzte Unterrichtseinheit fördern; Urteilsfähigkeit erhöhen.

Ablauf:

Die Schüler/-innen sitzen im Stuhlkreis und erhalten jeweils eine rote, grüne und gelbe Karte. Nun soll sich jeder eine prägnante Aussage bezüglich der letzten Unterrichtseinheit überlegen und dann der Reihe nach laut äußern. Nach jeder Äußerung müssen die anderen ihre Meinung dazu kundgeben, indem sie eine der Farbkarten heben: grün bedeutet Zustimmung, rot Widerspruch und gelb steht für Unentschieden. Die Lehrkraft protokolliert die Äußerungen und Wertungen stichwortartig an der Tafel. Kommentiert werden dürfen die einzelnen Aussagen und Ergebnisse jedoch erst ganz zum Schluss der Ampelwertung.

Beispiele:

(1) Ampelwertung zur Unterrichtseinheit _Das Tarifwesen_

Mögliches Meinungsbild mit Wertungen (Klasse mit 25 Schüler/-innen):

Äußerungen:	**Wertung:** (+ = grün, – = rot, o = unentschieden)		
1. Tarifverträge sind unverzichtbar...	15 +	8 –	2 o
2. Das Tarifwesen hat ausgedient...	10 +	12 –	3 o
3. Sinnlos, sich damit zu beschäftigen...	3 +	17 –	5 o
4. Sehr interessantes Thema...	8 +	5 –	12 o
5. Sozialpartner müssen besser kooperieren...	17 +	6 –	2 o
6. etc.			

Bei diesem Meinungsbild, das sowohl inhaltliche Aspekte als auch Emotionen und Haltungen enthält, wäre beispielsweise interessant, weshalb einige Schüler/-innen dieses Thema sinnlos finden, wieso so viele zustimmen, was nach Meinung der Befürworter von Aussage 2 dagegen spricht etc.

(2) Ampelwertung zur Unterrichtseinheit _Unternehmensformen_

Mögliches Meinungsbild mit Wertungen (Klasse mit 25 Schüler/-innen):

Äußerungen:	**Wertung:** (+ = grün, – = rot, o = unentschieden)		
1. Ganz schön kompliziert...	13 +	4 –	8 o
2. AG bringt am meisten Kapital...	9 +	3 –	13 o

3. GmbH ist am sichersten...	11 +	9 −	5 o
4. Fallstudie war gut...	14 +	7 −	4 o
5. Zu viel Stoff auf einmal...	16 +	6 −	3 o
6. etc.			

Hier müsste man aufgrund der großen Zustimmung bei Aussagen bezüglich des Schwierigkeitsgrades und der Stoffmenge nachhaken und eventuell gemeinsam Verbesserungsvorschläge besprechen. Frage 2 zeigt eine große inhaltliche Unsicherheit, die geklärt werden sollte.

Didaktische Erläuterung:

Dieses Auswertungsverfahren eignet sich aufgrund seiner strikten Regeln und des präzisen Verfahrens besonders gut zur schnellen Meinungsbilderstellung. Man kann als Vorgabe die möglichen Äußerungen nur auf inhaltliche Aspekte beschränken – wobei auch die Variante eines Wiederholungsspiels möglich wäre, indem die Schüler/-innen beispielsweise richtige oder falsche thematische Aussagen machen und die Ampelwertung dann als Kontrollinstrument dient – oder auch auf meta-unterrichtliche Aussagen erweitern. Je breiter und abwechslungsreicher die Meinungen sind, desto interessanter wird die Ampelwertung. Die gleichzeitige Fixierung der Aussagen und Wertungen ist sinnvoll, damit nach Beendigung der Runde ein abschließendes Meinungsbild vorliegt und eventuell über besondere Auffälligkeiten bei den Äußerungen und Wertungen diskutiert werden kann.

Als Variante können zunächst die Schülermeinungen anoym auf Karten geschrieben werden. Die Lehrkraft sammelt sie dann ein und lässt anschließend jeden Schüler eine Karte ziehen. Die vorliegenden Äußerungen werden reihum vorgelesen und wie beschrieben bewertet. Durch dieses Vorgehen tun sich die Schüler/-innen mit kritischen Äußerungen leichter und eventuell spart es Zeit, wenn mehrere ähnliche Meinungen in einer Wertung zusammengefasst werden können.

Materialien:

rote, gelbe und grüne Karten in ausreichender Anzahl, Tafel, Kreide

Zeitaufwand:

ca. 30 Minuten

Literaturhinweis:

Baer (1997), S. 12

2.4.5 Eigenschaftsliste

Zielsetzung:

Visualisierung von positiven und negativen Adjektiven; Meinungsbild der Schüler/-innen festhalten; Kreativität fördern; gemeinsame Unterrichtsreflexion ermöglichen.

Ablauf:

Auf der Tafel oder auf einem Plakat werden zwei Spalten erstellt. Auf Zuruf oder durch eine Kartenabfrage sollen die Schüler/-innen nun sowohl positive als auch negative Adjektive bezüglich der letzten Unterrichtseinheit nennen und in die Liste eintragen. Anschließend werden Klebepunkte verteilt und jeder soll diejenigen Aussagen markieren, denen er am meisten zustimmt. Über das entstandene Meinungsbild wird anschließend gemeinsam diskutiert.

Beispiele:

(1) **Eigenschaftsliste zum Thema** *Der Zahlungsverkehr*

+	−
lehrreich	langweilig
interessant	kompliziert
praxisnah	schwierig
wichtig	trocken
abwechslungsreich	lauwarm
lustig	einschläfernd
himmelblau	pechschwarz
ansprechend	unverständlich
fließend	steinig
freundlich	monoton
etc.	etc.

Didaktische Erläuterung:

Diese Auswertungsmethode ist ungewöhnlich, aber auch sehr amüsant, wenn man sie wirklich strikt auf adjektivische Aussagen beschränkt. Die Schüler/-innen müssen dann viel Kreativität entwickeln, um ihre Haltungen und Meinungen mit möglichst prägnanten Eigenschaftsworten zu beschreiben. Das kann aber zu sehr interessanten Ergebnissen führen, die eher metaphorisch zu werten sind und gerade deshalb verstärkt Assoziationen hervorrufen können. Um eine größere Bandbreite der Aussagen zu erhalten, sollte die Lehrkraft darauf hinweisen, dass nicht nur Inhalte, sondern auch die methodische Gestaltung und das Lernklima mit in die Auswertung einbezogen werden sollen.

Eine etwas differenziertere Auswertungsvariante besteht darin, dass die Lehrkraft bereits bestimmte Kategorien vorgibt, wie beispielsweise „Unterrichtsinhalt", „Methoden", „Verständnis" etc., zu denen die Lernenden dann gezielt ihre Adjektive zuordnen sollen.

Materialien:

Tafel/Kreide oder Plakat/dicke Stifte und Karten/Kreppband

Zeitaufwand:

ca. 20 Minuten

2.4.6 Impulsplakate

Zielsetzung:

Impulse für Kritik geben; vielfältiges Meinungsspektrum erhalten; differenzierte Kritikfähigkeit erhöhen; Visualisierung von Kritik.

Ablauf:

An den Wänden des Klassenzimmers werden mehrere vorbereitete Wandplakate aufgehängt, die verschiedene Impulse zur Unterrichtsauswertung enthalten. Die Schüler/-innen sollen im Raum herumgehen und auf die einzelnen Plakate ihre Meinungen zu den jeweiligen Impulsen aufschreiben. Anschließend werden die Plakate gemeinsam betrachtet und besprochen.

Beispiele:

Mögliche Impulse auf den einzelnen Plakaten:

- Mir hat gefallen, dass..
- Ich hätte besser gefunden, wenn..
- Wichtig am Unterricht war für mich, dass..
- Nicht verstanden habe ich, dass...
- Die Lernatmosphäre war für mich..
- Mit nach Hause nehmen werde ich aus dieser Unterrichtseinheit.............
- Die Möglichkeit zur Schüler/-innenbeteiligung war für mich ....
- Mein abschließender Kommentar zu dieser Unterrichtseinheit lautet:........

Didaktische Erläuterung:

Die Auswertung einer Unterrichtseinheit mit Impulsplakaten bietet sich vor allem nach umfangreicheren Themengebieten oder nach sehr schüler/-innenaktiven Erarbeitungsphasen an. Durch zahlreiche verschiedene Impulse auf den einzelnen Plakaten können auf entspannte Art und Weise differenzierte Aussagen über den Unterricht gesammelt werden, die sowohl inhaltliche als auch methodische und beziehungsmäßige Aspekte berücksichtigen.

Eine Variante besteht darin, dass die Schüler/-innen vorher selbst überlegen sollen, welche Aspekte wohl für die Auswertung einer Unterrichtseinheit wichtig sind und diese auf die Impulsplakate schreiben. Auf diese Weise kann man mit den Lernenden gut in eine meta-unterrichtliche Diskussion einsteigen.

Materialien:

vorbereitete Plakate, dicke Stifte, Kreppband

Zeitaufwand:

ca. 30 Minuten

Literaturhinweis:

Rabenstein/Reichel/Thanhoffer (1996), S. 4. B 24

2.4.7   Black Box

Kritikbereitschaft erhöhen; breites Meinungsbild erhalten; Diskussionsbereitschaft fördern.

Ablauf:

Am Ende einer Unterrichteinheit sollen Zettel mit Kritik, Lob, offen gebliebenen Fragen oder Anregungen für die nächste Unterrichteinheit in einen feststehenden Meinungskasten ("Black Box") geworfen werden. Dieser wird dann ausgeleert und die anonymen Zettel werden gemeinsam mit den Schüler/-innen im Sitzkreis vorgelesen und besprochen.

Didaktische Erläuterung:

Eine Unterrichtsauswertung mit Hilfe der "Black Box" bietet den großen Vorteil der Anonymität, sodass die Schüler/-innen wahrscheinlich eher bereit sind, Kritik zu äußern. Gerade das ist aber wichtig, wenn man die Effektivität des Unterrichts verbessern möchte. Aus diesem Grund kann es auch sinnvoll sein, wenn der Kasten nicht nur in der letzten Stunde einer Unterrichteinheit zur Verfügung steht, sondern zu einer festen Einrichtung im Klassenraum wird, sodass beispielsweise nach jeder Unterrichtsstunde Zettel eingeworfen werden können, gerade wenn die Kritik noch "frisch" ist. Die Auswertung der Zettel sollte auf jeden Fall gemeinsam erfolgen, am besten im Sitzkreis in entspannter Atmosphäre. Jeder Schüler zieht dann einen Zettel aus der Box und liest ihn anschließend vor, um die Schüler/-innenbeteiligung und die Diskussionsbereitschaft zu fördern. Gemeinsam sollte dann bei auftretender Kritik überlegt werden was zu tun ist. Mögliche Verbesserungsvorschläge können eventuell in einem begleitenden "Ergebnisprotokoll" festgehalten und regelmäßig überprüft werden.

Materialien:

"Black Box" (= am besten einen umgestalteten – bemalten, beklebten, beschrifteten – Schuhkarton)

Zeitaufwand:

je nach Anzahl der Zettel ca. 30 Min.

2.4.8 Bewertungsbogen

Gezielte Unterrichtsauswertung ermöglichen; Stimmungsbilder erstellen; meta-unterrichtliche Aspekte thematisieren

Ablauf:

Die Lehrkraft erstellt einen Bewertungsbogen, auf dem verschiedene unterrichtsrelevante Kategorien wie beispielsweise Inhalte, Lehrer/-innenverhalten, Methodenwahl etc. enthalten sind. Dieser Bogen wird als Kopie am Ende einer Unterrichtseinheit an alle Schüler/-innen verteilt. Sie erhalten etwa 10 Minuten Zeit, den Bogen anonym auszufüllen. Anschließend wird er eingesammelt und von der Lehrkraft bis zur nächsten Stunde ausgewertet. Die Ergebnisse werden dann mit den Schüler/-innen besprochen und eventuell in einer Übersicht dargestellt. Wenn eine allgemeine Unzufriedenheit mit bestimmten Punkten deutlich geworden ist, sollte dies ausführlicher im Plenum thematisiert werden.

Beispiele:

Bewertungsbogen zur Unterrichtseinheit: *Thema*_____

Inhalt:
- Sind die Unterrichtsinhalte grundsätzlich verstanden worden?.........................
- Wurden genügend Beispiele genannt?.........................
- Wie fanden Sie die inhaltliche Strukturierung?.........................
- Ist ein aktueller Problembezug deutlich geworden?.........................
- Welche inhaltlichen Fragen sind noch offen geblieben?.........................
- Wie hoch ist Ihr Interesse an diesem Unterrichtsthema?.........................
- Sonstiges:.........................

Methode:
- Wie fanden Sie die methodische Gestaltung?.........................
- Erhöhte die methodische Gestaltung Ihrer Meinung nach die Lerneffektivität? Warum (nicht)?.........................
....
- Welche Methode fanden Sie für dieses Thema besonders geeignet? Warum?
....
- Welche Methode fanden Sie für dieses Thema unangebracht? Warum?
....

- Welche konkreten Verbesserungsvorschläge haben Sie bezüglich der methodischen Unterrichtsgestaltung? ....
- Sonstiges: ....

Lehrer/-innenverhalten:
- Wurden Ihrer Meinung nach die Schüler/-inneninteressen angemessen berücksichtigt? ....
- Wie empfanden Sie das Steuerungsverhalten der Lehrkraft? ....
- Hatten Sie das Gefühl, frei Ihre Meinungen äußern zu können? ....
- Ging die Lehrkraft Ihrer Meinung nach genügend auf Lern- und Verständnisprobleme der Schüler/-innen ein? ....
- Sonstiges: ....

Didaktische Erläuterung:

Ein Bewertungsbogen hat den Vorteil, dass er relativ schnell auszufüllen ist. Oft wird anonym auch mehr oder kritischer geurteilt als in einer öffentlichen Meinungsrunde. Die Lehrkraft muss im Vorfeld deutlich machen, dass Kritik sehr wichtig ist, um den Unterricht und damit den Lernerfolg zu verbessern und die Schüler/-innen keine negativen Konsequenzen zu fürchten haben. Um die konstruktive Bedeutung von Kritik zu verdeutlichen, sollten die Ergebnisse des Bewertungsbogens auch der ganzen Klasse bekannt gemacht und gegebenenfalls gemeinsam besprochen werden.

Man kann einen solchen Bewertungsbogen in verschiedenen Varianten erstellen. Die einfachste ist diejenige, bei denen bereits bestimmte Antwortkästchen vorgegeben sind (z. B. „ja", „nein"), sodass die Schüler/-innen nur noch ankreuzen müssen. Dennoch ist es sinnvoll, den Lernenden Platz für ausführlichere Antworten zu lassen, die sie auch begründen sollen, denn auf diese Weise werden sie in der Regel etwas länger überlegen und die Lehrkraft erhält konkretere Rückmeldungen über den Unterricht.

Ein Bewertungsbogen kann den Lehrenden auch eine gute Möglichkeit bieten, das eigene Verhalten zu reflektieren, wenn sich eine Kategorie des Bewertungsbogens auf das Lehrer/-innenverhalten bezieht. Gerade für noch unerfahrene Lehrkräfte können die Schüler/-innenaussagen diesbezüglich eine wertvolle Hilfe sein.

Materialien:

vorbereiteter Bewertungsbogen (am besten standardisiert, d. h. nicht mit explizit genanntem Themenbezug, damit er immer wieder verwendet werden kann)

Zeitaufwand:

ca. 10 Minuten + evtl. Auswertung in der nächsten Stunde, die je nach aufgetauchten Problemen, Fragen etc. unterschiedlich lang sein kann.

Meta-Unterricht

2.5   Meta-Unterricht

In der alltäglichen Unterrichtsarbeit dominiert in der Regel der Inhaltsaspekt, Beziehungs- und Methodenaspekte werden dagegen nur sehr selten thematisiert.[1] Diese Tatsache ist allerdings kaum mit einer schülerorientierten Pädagogik zu vereinbaren, die dem Lernenden zu einer gefestigten Individualität und zu selbstständigem Handeln verhelfen will. Aus diesem Grund müssen die Schüler/-innen Gelegenheit erhalten, selbst aktiv an der Unterrichtsgestaltung mitwirken zu können und ihre eigene Lernsituation zu reflektieren.

> „Unterricht und auch schon die Planung von Unterricht sind als Interaktionsgeschehen zu begreifen, in dem jede Seite sich einbringen können muss (Perspektiven, Erfahrungen, Interessen, Erwartungen), wenn sie auf Dauer soziale und individuelle Identität gewinnen soll. Wenn Schüler am Prozess der Sinnfindung und der Gewinnung von Zugängen zu Inhalten beteiligt werden, könnte Unterricht eine andere Qualität gewinnen. Solange Lehrer immer stellvertretend für Schüler alles entscheiden (die Auswahl der Inhalte, die Festlegung der Lernziele, die Vorgehensweise, der Einsatz von Medien), kann Unterricht im Prinzip von Schülern nur als fremdbestimmte Veranstaltung, der man sich aufgrund bestehender Zwänge eben unterziehen muss, verstanden werden."[2]

Um den nachteiligen Folgen eines als zwanghaft und fremdbestimmt empfundenen Unterrichts zu entgehen (Langeweile, Desinteresse etc.) ist eine Meta-Kommunikation über die gemeinsame Arbeit im Unterricht notwendig. Viele Lehrkräfte scheuen sich jedoch davor, mit den Schüler/-innen über Sinn, Ziele und Gestaltungsmöglichkeiten des Unterrichts zu sprechen, weil sie den Lernenden die notwendige Kompetenz zur Beurteilung dieser Kriterien häufig absprechen. Allerdings haben zahlreiche Untersuchungen gezeigt, dass Schüler/-innen Unterricht in der Regel sehr realistisch und differenziert wahrnehmen, sodass die Kenntnis der Schüler/-innensicht – die oft erheblich von der Lehrer/-innensicht abweicht – ein wichtiges Korrektiv für die zukünftige Unterrichtsarbeit darstellen kann.[3] Meta-Kommunikation über Unterricht bedeutet allerdings nicht, dass die Lehrenden ihre Verantwortung für die Lernprozesse an die Schüler/-innen abgeben sollen, sondern vielmehr besteht ihre Aufgabe darin, die methodische Fantasie der Lernenden anzuregen, ihnen Lerntechniken zu vermitteln und den gemeinsamen Sinnhorizont des Lernens deutlich zu machen. Das zu erreichende Ziel sollte sein, die Schüler/-innen „in die selbstständige Arbeit entlassen zu können".[4]

Im Folgenden werden einige Möglichkeiten vorgestellt, wie man mit den Schüler/-innen über ihre Erwartungen und Wünsche bezüglich des Unterrichts ins Gespräch kommen und auf welche Weise man sie an der methodischen Planung beteiligen kann. Dabei bieten sich einige Vorschläge wie beispielsweise das *Erwartungsraster,* die *Assoziations-Plakate, der gemeinsame Regelplan* oder die *Methodenübersicht* eher zu Beginn

---

[1] Vgl. Bönsch (1991), S. 116; Pätzold (1996), S. 110
[2] Bönsch (1991), S. 116 f.
[3] Vgl. Fichten (1989), S. 3
[4] Fichten (1993), S. 117

eines Schuljahres an, während Verfahren wie der *Unterrichtsfahrplan* oder die *methodische Angebotspalette* immer wieder zu Beginn einer jeden neuen Unterrichtseinheit eingesetzt werden können. Die *Muffelecke* und der *Bewertungsbogen* sind Beispiele dafür, wie regelmäßige Kritik im und am Unterricht institutionalisiert werden kann.

2.5.1 Methodenübersicht

Zielsetzung:

Methodenbewusstsein erweitern; Schüler/-innenvorwissen einbringen; Interessen der Lernenden berücksichtigen; Mitbestimmung fördern.

Ablauf:

Von der Lehrkraft wird ein Plakat erstellt, auf dem vielfältige methodische Gestaltungsmöglichkeiten und Handlungsmuster des Unterrichts übersichtlich dargestellt werden. Das Plakat wird erläutert, wobei jede einzelne Methode bzw. jedes Handlungsmuster kurz vorgestellt wird. Die Schüler/-innen werden gebeten, zunächst diejenigen Methoden/Handlungsmuster mit vorher verteilten Klebepunkten (mindestens 5 Stück je Schüler/-in) zu markieren, welche sie bereits kennen und im Unterricht erlebt haben. Anschließend wird gemeinsam darüber diskutiert, wie die einzelnen bekannten Methoden und Handlungsmuster in Bezug auf Lerneffektivität, Interessantheitsgrad, subjektiven Empfindungen usw. von den Lernenden aufgrund ihrer eigenen Erfahrungen eingeschätzt werden. Als Nächstes sollen die Schüler/-innen mit andersfarbigen Punkten diejenigen Methoden/Handlungsmuster markieren, die sie gerne kennen lernen würden. Auch eigene methodische Ideen und Wünsche, die noch nicht auf dem Plakat stehen, können ergänzt werden. Dieses Ergebnis wird ebenfalls gemeinsam besprochen. Abschließend ist eine Einigung darüber sinnvoll, in welchem Ausmaß die Lernenden zukünftig über Methodenentscheidungen mitbestimmen sollen, welche Methoden/Handlungsmuster wann eingesetzt werden können und inwieweit die Schüler/-innen selber Unterrichtsinhalte methodisch gestalten wollen. Es bietet sich an, diese Vereinbarungen schriftlich auf dem Plakat festzuhalten, damit sie einen verbindlicheren Charakter erhalten, an den sich beide Seiten dann besser halten können.

Die Methodenübersicht *(siehe Darstellung auf der Folgeseite)* sollte während des Schuljahres wiederholt kurz durchgegangen werden, um zu kontrollieren, inwieweit die Ansprüche und Erwartungen der Lernenden eingelöst werden konnten und ob daraus eventuell veränderte Methodenwahrnehmungen resultieren. Am besten ist es, wenn man das Plakat im Klassenzimmer aufgehängt lässt, damit Lehrkräfte und Schüler/-innen es immer vor Augen haben.

Beispiel:

Methodenübersicht:

Einzel-/ Partnerarbeit	*Frontalunterricht*	*Gruppenunterricht*
* Textarbeit	* Unterrichtsgespräch	* Fallstudie
* Tabellen-/Grafikarbeit	* Tafel-/Projektorarbeit	* Planspiel
* Lehrbucharbeit	* Schüler/-innenreferat	* Rollenspiel
* Arbeitsblätter	* Lehrervortrag	* szenische Arbeits-formen
* Arbeit mit Computer-programmen	* Konzentrations-übungen	* Wandzeitung/Plakate erstellen
	* Entspannungs-übungen	* Videoarbeit
	* Diskussion	* Ausstellungen vorbereiten
	* Lernspiele	* Interviews durchführen
		* Gruppenpuzzle
		* Projektunterricht

Sonstige Vorschläge:_____

„Vereinbarungen zwischen der Klasse XY und der Lehrkraft YZ":
- *Der Anteil des Lehrgesprächs soll wesentlich reduziert werden.*
- *Der Grad der Schüler/-innenaktivität ist stark auszuweiten.*
- *Vor jeder größeren Unterrichtseinheit wird gemeinsam die methodische Vorgehensweise besprochen.*
- *Es werden möglichst viele verschiedene Methoden ausprobiert.*
- *In jeder Doppelstunde erfolgt eine kurze Entspannungs- oder Konzentrationsübung.*
- *etc.*

Didaktische Erläuterung:

Diese oder eine ähnlich gestaltete Methodenübersicht ist ein sinnvolles Hilfsmittel, um mit den Schüler/-innen über Unterrichtsmethoden ins Gespräch zu kommen. Dadurch wird den Lernenden ein vielfältiges Repertoire vorgestellt und Zusammenhänge zwischen Sozialformen bzw. Methoden und Lernzielen können thematisiert werden. Die Lehrkraft muss vor allem darauf achten, dass die Schüler/-innen dabei nicht nur die äußere Seite einer Methode sehen, sondern sich auch Gedanken über deren Effektivität in Bezug auf Inhalte und Lernziele machen.

Um die Ergebnisse und Vereinbarungen dieser Methodendiskussion verbindlich festzuhalten und damit zu zeigen, dass Schüler/-innenwünsche ernst genommen werden,
sollte das Methodenproblem zwischendurch immer wieder thematisiert und die Reali-
sierung der gemeinsamen Vereinbarungen anhand des Plakats überprüft werden.

Materialien:

vorbereitetes Übersichtsplakat, dicke Stifte, Klebepunkte in zwei Farben und ausreichender Menge (mind. 5 Stück je Farbe und Schüler/-in), Kreppband/Stecknadeln, Ta-
fel/Pinwand

Zeitaufwand:

ca. 1 Unterrichtsstunde

Literaturhinweis:

Methodenübersicht angelehnt an Meyer (1987), „Didaktische Landkarte" (Buchbeilage)

2.5.2   Unterrichtsfahrplan

Zielsetzung:

Schüler/-innen über Unterrichtsplanung informieren; Zeitstruktur verdeutlichen; Mitbestimmungsmöglichkeiten der Schüler/-innen erhöhen; Lernbereitschaft fördern

Ablauf:

Zu Beginn einer neuen Unterrichtseinheit wird von der Lehrkraft eine kurze Verlaufs-
planung mit bekannten oder noch zu erläuternden Symbolen an der Tafel skizziert,
die anschließend kurz mit den Schüler/-innen besprochen wird. Es sollten sowohl das
zu erarbeitende Thema als auch die Sozialform, Methode und veranschlagte Unterrichtszeit darin enthalten sein. Außerdem werden die angestrebten Lernziele zu jedem
Verlaufspunkt kurz vorgestellt. Die Schüler/-innen sollen diese Planung anschließend
kommentieren und begründete Gegenvorschläge machen, wenn sie nicht damit einverstanden sind. Dann wird gemeinsam nach einer geeigneten Lösung gesucht.

Beispiele:

(1) Thema der 2-stündigen Unterrichtseinheit *Verjährungsfristen*

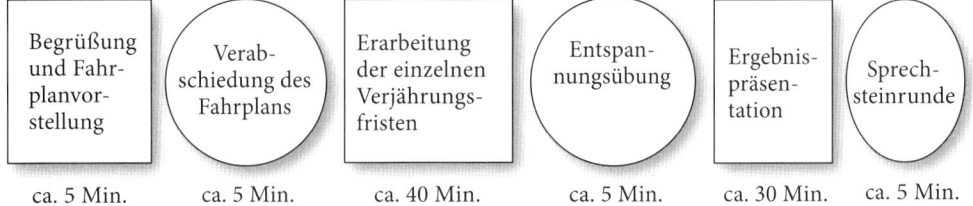

(2) Thema der 6-stündigen Unterrichtseinheit *Marktforschung durchführen*

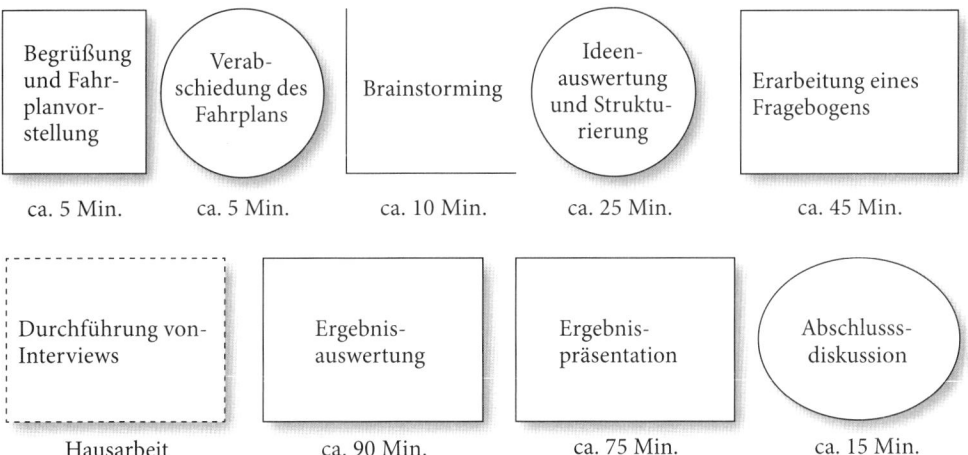

Die frei gewählten Symbole verdeutlichen, wer in welcher Unterrichtsphase aktiv wird:

| | = Lehrer/-in   ◯ = Plenum | | = Gruppen   [ ] = partnerweise

| | = einzeln

Didaktische Erläuterung:

Durch die gemeinsame Besprechung des Unterrichtsfahrplans mit den Schüler/-innen informiert die Lehrkraft sie über angestrebte Lernziele und Methoden und ermöglicht ihnen auch eine Beteiligung an der Unterrichtsplanung. Diese Vorgehensweise geht demnach auf das in der Regel vorhandene und durchaus berechtigte Interesse der Lernenden ein, genau zu wissen, wie und was sie in welchem Zeitraum lernen und tun sollen. Viele Lehrer/-innen machen dagegen eine Art Geheimnis aus ihrer Unterrichtsplanung und verunsichern dadurch oft die Schüler/-innen, die nicht wissen, was sie erwartet. Ein kurz gefasster und dennoch übersichtlicher Unterrichtsfahrplan kann dieser Gefahr vorbeugen und leistet dadurch einen Beitrag für mehr Mitbestimmungsmöglichkeiten und Information der Schüler/-innen, was deren Lernbereitschaft fördern kann.

Der Unterrichtsfahrplan kann sowohl zu thematisch abgeschlossenen Unterrichtsstunden als auch im Vorfeld einer größeren Unterrichtseinheit vorgestellt werden. Es empfiehlt sich, ihn auf ein Plakat zu schreiben, um den Schüler/-innen während der Bearbeitungsphase regelmäßig zu verdeutlichen, an welcher „Station" sie sich gerade befinden und zu überprüfen, ob der geplante Zeitraum eingehalten werden kann.

In der Regel wird ein gut begründeter Fahrplan von den Schüler/-innen akzeptiert; sind dennoch plausible Gegenargumente vorhanden, muss über eine mögliche Änderung der Vorgehensweise gemeinsam diskutiert werden.

Materialien:

Tafel, Kreide, evtl. Plakat und dicke Stifte, Kreppband

Zeitaufwand:

Skizzieren des Fahrplans ca. 5 Minuten, Besprechen insgesamt ca. 10 Minuten, je nach Diskussions- und Änderungsbedarf auch länger

Literaturhinweis:

Meyer (1987), S. 136 f.

2.5.3 Erwartungsraster

Erwartungen der Schüler/-innen kennen lernen; Diskussionsbereitschaft fördern; über Sinn und Ziele des Unterrichts informieren; auf Methodenproblem aufmerksam machen.

Ablauf:

Zu Beginn des Unterrichts an den kaufmännischen Schulen sollen die Schüler/-innen ihre Erwartungen bezüglich der Inhalte, beruflichen, persönlichen und sonstigen Fähigkeiten in einem Brainstorming entweder jeder für sich oder in Kleingruppen festhalten. Anschließend werden von jedem Lernenden bzw. jeder Gruppe die am wichtigsten erachteten Punkte auf farbig unterschiedlichen Karten für jede Kategorie festgehalten und auf einem vorbereiteten Plakat veröffentlicht. Die gesammelten Aussagen werden gemeinsam besprochen, auf ihre Relevanz hin bewertet und strukturiert. Danach kann versucht werden, mögliche Umsetzungsstrategien der Schüler/-innenerwartungen zu entwickeln, womit ein idealer Übergang zur Methodendiskussion geschaffen wird.

Beispiel:

Welche Erwartungen haben Sie an den kaufmännischen Unterricht?

Inhalte	Berufliche Fähigkeiten	Persönliche Fähigkeiten	Sonstiges
kfm. Grundwissen	verkaufen können	sicheres Auftreten	Spaß
Buchführung	Briefe schreiben	Ausdrucksfähigkeit	gutes Klima
Bilanzierung	Kundenberatung	Teamfähigkeit	keine Langeweile
praktisches Wissen	rechtliche Kenntnisse	Kreativität	Exkursionen
etc.	etc.	etc.	etc.

Didaktische Erläuterung:

An obigen beispielhaften Schüler/-innenantworten wird bereits deutlich, dass eine eindeutige Kategorisierung der Antworten häufig schwer fällt oder manchmal gar nicht möglich ist. Das ist allerdings kein Hindernis, sondern vielmehr ein willkommener Anlass, über den Zusammenhang zwischen den Kategorien zu diskutieren und damit die enge Verknüpfung zwischen Inhalten und persönlichen sowie beruflichen Fähigkeiten zu verdeutlichen.

Die Schüler/-innen erhalten durch dieses Erwartungsraster einen ersten Überblick über die komplexen und unterschiedlichen Ziele, die im Unterricht angestrebt werden und können dadurch für didaktisch-methodische Entscheidungen und Möglichkeiten sensibilisiert werden. Der Lehrende muss versuchen, die Erwartungen der Lernenden ernst zu nehmen und mit den Lehrplanvorgaben in Einklang zu bringen. Dazu bietet es sich an, gegen Ende eines Schul(halb-)jahres das Raster noch einmal aufzuhängen, um die Erfüllung der Ansprüche gemeinsam zu überprüfen.

Materialien:

Plakat, farbig unterschiedliche Kärtchen, dicke Stifte, Tafel/Pinwand, Kreppband/ Stecknadeln, evtl. Klebepunkte

Zeitaufwand:

ca. 1 Unterrichtsstunde

2.5.4 Assoziations-Plakate

Zielsetzung:

Kreativität fördern; Diskussionsbereitschaft erhöhen; Erwartungen der Schüler/-innen kennen lernen; Kommunikationsfähigkeit trainieren; Kooperationsfähigkeit erhöhen; Präsentationstechniken üben.

Ablauf:

Die Schüler/-innen erhalten die Aufgabe, zunächst jeder für sich ein A-4 Blatt zum Thema *„Unterricht"*, *„Methoden"*, *„Erwartungen an die Berufsschule"* etc. zu gestalten. Anschließend werden die Blätter in kleinen Gruppen von 4–5 Lernenden besprochen und kommentiert. Jedes Team soll daraufhin ein gemeinsames Plakat entwerfen, auf dem die zentralen Ergebnisse aus ihrer Diskussion festgehalten werden. Anschließend werden die Gruppenplakate im Plenum präsentiert und besprochen.

Didaktische Erläuterung:

Assoziations-Plakate bieten für die Lernenden eine gute Möglichkeit, sich zunächst individuell mit Unterricht und seinen verschiedenen Aspekten sowie den eigenen Erwartungen auseinanderzusetzen. Die Bereitstellung von diversen Materialien wie Zeitungen, Farbstifte, Bilder etc. kann dabei zusätzlich kreativitätsfördernd wirken. In der anschließenden Gruppenbesprechung der einzelnen Ergebnisse bestehen in der Regel weniger Hemmungen die Arbeiten zu kommentieren als im Plenum, weshalb sich diese Vorgehensweise anbietet. Indem die einzelnen Gruppen ein gemeinsames Plakat entwerfen sollen, werden die als zentral empfundenen Aspekte selektiert und die kooperativen Fähigkeiten der Schüler/-innen gefördert. Durch die darauf folgende Präsentation und Diskussion im Plenum über die Gruppenplakate kann dann letztendlich eine gemeinsame Erwartungsbasis für die weitere Unterrichtsarbeit gebildet werden, die eventuell durch zusätzliche Planungsschritte und meta-unterrichtliche Einheiten ergänzt werden muss.

Materialien:

Plakate, Kreppband, dicke und bunte Stifte, Zeitungen, Bilder, Klebstoff etc.

Zeitaufwand:

ca. 2 Unterrichtsstunden

2.5.5 Gemeinsamer Regelplan

Zielsetzung:

Verantwortungsbewusstsein der Schüler/-innen für ihr eigenes Handeln erhöhen; gemeinsamen Verhaltensplan schaffen; innere Beteiligung der Schüler/-innen am Unterrichtsgeschehen erhöhen; Wichtigkeit des eigenen Verhaltens in Bezug auf Lernklima und Lerneffektivität bewusst machen.

Ablauf:

Die Schüler/-innen sollen zunächst in einem Brainstorming jeder für sich wichtige Regeln für den gesamten Unterricht oder für bestimmte Situationen wie Gruppenarbeit, Präsentationen etc. auf Karten festhalten. Anschließend werden die Vorschläge gesammelt, strukturiert und gemeinsam ausgewertet (am besten mit einer Punktabfrage). Als Endergebnis werden die 10 am wichtigsten beurteilten Äußerungen in einem gemeinsamen Regelplan festgehalten und auf einem Plakat veröffentlicht. Sinnvoll kann es sein, das Plakat von allen Schüler/-innen unterschreiben zu lassen, um die Verbindlichkeit der Regeln zu erhöhen. Für die zukünftige Unterrichtsarbeit sollen sich sowohl die Lehrkräfte als auch die Schüler/-innen diese Regeln immer wieder vor Augen halten und sich bei Verstößen gegenseitig auf die Regelverletzung aufmerksam machen.

Beispiele:

(1) Gemeinsamer Regelplan für den Unterricht

- Anhaltende und bewusste Störungen des Unterrichts sind zu vermeiden.
- Die Äußerungen von anderen dürfen nicht ins Lächerliche gezogen werden.
- Bei Problemen innerhalb der Klasse, die den Unterricht nachhaltig beeinträchtigen, ist eine Klassenkonferenz einzuberufen.
- Der Unterricht muss möglichst abwechslungsreich gestaltet werden.
- Die Schüler/-innen können ihre Unzufriedenheit mit bestimmten Methoden oder Inhalten sowie dem Lehrerverhalten öffentlich äußern; es wird dann gemeinsam über Verbesserungen nachgedacht.
- Die Lehrer/-innen müssen auch die schwächeren Schüler/-innen berücksichtigen.
- Die Interessen der Schüler/-innen sind bei der Unterrichtsgestaltung soweit wie möglich zu berücksichtigen.
- Alle Schüler/-innen sind gleichberechtigt zu behandeln, es darf niemand benachteiligt oder bevorzugt werden.
- Sowohl Lehrer/-innen als auch Schüler/-innen müssen sich um ein möglichst angenehmes Lernklima bemühen.
- Die Unterrichtsinhalte sind möglichst anhand praktischer Beispiele zu erläutern.

(2) Gemeinsamer Regelplan für eine erfolgreiche Gruppenarbeit

- Anhaltende und bewusste Störungen des Unterrichts sind zu vermeiden.
- Es dürfen nicht immer die gleichen Schüler/-innen in einer Gruppe sein.
- Jeder muss sich aktiv an der Gruppenarbeit beteiligen.
- Die Aufgabe ist so selbstständig wie möglich zu lösen; die Lehrkraft wird nur in Notfällen gefragt.
- Die Ergebnisse dürfen nicht immer von denselben Schüler/-innen vorgetragen werden.
- Es darf nicht bei anderen Gruppen „spioniert" werden.
- Kein Gruppenmitglied darf ausgeschlossen werden.
- Die Gruppenarbeitsaufträge sind möglichst abwechslungsreich zu gestalten.
- Alle Vorschläge innerhalb der Gruppe werden gründlich geprüft.
- Es darf keiner beleidigt, beschimpft oder ausgenutzt werden.
- Die Arbeitsteilung erfolgt innerhalb der Gruppe.

Didaktische Erläuterung:

Mit einem solchen Regelplan – der so oder in ähnlicher Form teilweise auch als „Unterrichtsvertrag" bezeichnet wird – schafft man eine gemeinsame Arbeitsgrundlage für den zukünftigen Unterricht. Auch wenn dieses Verfahren einigen Lehrer/-innen als zu übertrieben erscheint, ist seine Wirkung auf die Schüler/-innen nicht zu unterschätzen! Es ist allerdings darauf zu achten, dass die Regeln von allen eingehalten werden können und nicht zu streng sind. So sind z. B. kleinere Störungen des Unterrichts kaum zu vermeiden und es wäre nicht sinnvoll, dann bereits auf den Regelplan hinzuweisen. Aus diesem Grund soll gemeinsam überlegt werden, welche 10 Regeln am wichtigsten für ein gutes Unterrichtsklima oder für effektive Gruppenarbeit sind und deshalb unbedingt eingehalten werden müssen. Auf dieser Grundlage, die dann auch für die Schüler/-innen kopiert wird, kann der Unterricht oft effizienter und angenehmer durchgeführt werden. Zukünftig müssen alle Beteiligten auf grobe Verstöße – auch seitens der Lehrkraft – achten, damit der Regelplan immer verbindlich bleibt.

Materialien:

Tafel/Pinwand, Kreide, Plakat, dicke Stifte, Kreppband/Stecknadeln, evtl. Klebepunkte

Zeitaufwand:

ca. 1 Unterrichtsstunde

Literaturhinweis:

Greving/Paradies (1996), S. 232 f.

2.5.6 Methodische Angebotspalette

Zielsetzung:

Mitbestimmungsmöglichkeiten der Schüler/-innen erweitern; methodisches Bewusstsein stärken; methodische Kompetenzen fördern.

Ablauf:

Zu Beginn einer Unterrichtseinheit werden sowohl thematische Schwerpunkte als auch einige geeignete methodische Gestaltungsmöglichkeiten vorgestellt. Die Lehrkraft muss dabei je nach bereits vorhandenen methodischen Kompetenzen der Schüler/-innen die Vorschläge erläutern, auf Vor- und Nachteile der einzelnen Methoden eingehen und geplante Endprodukte, wie beispielsweise eigene Mitschriften, Arbeitsblätter, Präsentationen usw., thematisieren. Auch die Schüler/-innen sollten begründete Gegenvorschläge – sowohl methodischer als auch inhaltlicher Art – machen können. Anschließend wird gemeinsam darüber entschieden, welche Inhalte mit welchen Methoden erarbeitet werden sollen.

Beispiele:

(1) Unterrichtseinheit *Mitbestimmung der Arbeitnehmer*

Inhalt	Methode	Sozialform
Thematische Einführung	Lehrer/-innenvortrag	Frontalunterricht
	oder Lehrbucharbeit	Partnerarbeit
	oder Kartenabfrage	einzeln/Plenum
Aufgaben des Betriebsrats	Arbeitsblatt	Partnerarbeit
	oder Lehrer/-innenvortrag	Frontalunterricht
	oder Lehrbucharbeit	Einzelarbeit
	oder Interviews	Gruppenarbeit
Mitbestimmungsrechte des Betriebsrats	Fallstudie	Gruppenarbeit
	oder Rollenspiel	Gruppenarbeit
	oder Gesetzestextarbeit	Einzelarbeit
Die Jugend- und Auszubildendenvertretung	Erkundungsauftrag	Gruppenarbeit
	oder Expertenbefragung	Plenum
	oder Gruppenpuzzle	Gruppen u. einzeln
	oder Wandzeitung	Gruppenarbeit

(2) Unterrichtseinheit *Grundlagen der Buchführung*

Inhalt	Methode	Sozialform
Grundlagen ordnungs-gemäßer Buchführung	Lehrer/-innenvortrag oder Arbeitsblatt oder Lernspiel	Frontalunterricht Einzelarbeit Gruppenarbeit
Inventurarten	Lehrbucharbeit oder Expertenbefragung oder Schülerreferate	Partnerarbeit Plenum Gruppenarbeit
Inventar und Bilanz	Fallstudie oder Lehrer/-innenvortrag oder Lehrbucharbeit	Gruppenarbeit Frontalunterricht Einzelarbeit

Didaktische Erläuterung:

Zu jedem Inhaltspunkt müssen mindestens zwei Gestaltungsvorschläge gemacht werden, um überhaupt eine Wahl zu ermöglichen. Bei der thematischen Einführung ist darauf zu achten, dass die Schüler/-innen mit allen zur Wahl stehenden Methoden das notwendige Vorwissen erhalten, um nachfolgende Themen auch bei der Wahl schüler/-innenaktiver Methoden ausführlich bearbeiten zu können. Wichtig ist, dass die Lehrkraft die jeweiligen Ziele der Methodenvorschläge sowie die zu erstellenden Endprodukte vorher bekannt gibt. Fällt die Wahl ausschließlich zugunsten einer einzigen Sozialform aus, muss das innerhalb der Klasse thematisiert werden.

Der Nachteil dieser Vorgehensweise besteht vor allem darin, dass die Lehrenden einen höheren Vorbereitungsaufwand haben, weil sie alle Materialien für die angebotenen Methoden erstellen müssen, wie beispielsweise Arbeitsblätter, Rollenspiele etc. Das bedeutet zwar eine gewisse Mehrarbeit, aber die einmal erstellten Materialien können dafür auch in anderen Klassen wiederverwendet werden. Es ist aus diesem Grund jedoch kaum möglich, für jede Unterrichtseinheit eine methodische Angebotspalette zur Verfügung zu stellen.

Materialien:

Angebotspalette (am besten auf Folie) und Tageslichtprojektor; für die einzelnen Angebote Arbeitsblätter, Fallstudien, Lernspiele, Arbeitsaufträge, Rollenspiele, etc.

Zeitaufwand:

ca. 20 Minuten

2.5.7 Muffelecke

Kritikfähigkeit der Schüler/-innen trainieren; entspannte Gesprächssituation fördern; Institutionalisierung von Kritik ermöglichen; Gruppenatmosphäre schaffen.

Ablauf:

In regelmäßigen zeitlichen Abständen (z. B. alle zwei Wochen, einmal im Monat) setzen sich Lehrer und Schüler/-innen gemeinsam zusammen – am besten in entspannter und ungezwungener Position auf dem Fußboden oder auf zusammengestellten Tischen – um die vergangene Unterrichtszeit noch einmal Revue passieren zu lassen. Die Schüler/-innen sollen frei ihre Meinung dazu äußern und vor allem mögliche Kritikpunkte ansprechen, sei es inhaltlicher, methodischer oder sozialer Art. Sie sollen in dieser „Muffelecke" alles zur Sprache bringen können, was ihnen momentan am Unterricht missfällt. Bei bestehenden Problemen muss gemeinsam versucht werden, dafür eine Lösung zu finden und das zukünftige Verhalten oder Vorgehen im Unterricht zu besprechen.

Beispiele:

Thematisiert werden können z. B.:
- Probleme inhaltlicher Art
- methodische Unzufriedenheit
- Schwierigkeiten mit dem Lerntempo
- Konflikte innerhalb der Klasse, die das Lernklima spürbar beeinträchtigen
- Angst vor der nächsten Klassenarbeit
- etc.

Didaktische Erläuterung:

So banal dieser Vorschlag vielleicht klingen mag und auch wenn viele Lehrer/-innen jetzt behaupten mögen, dass solche Kritik bei ihnen jederzeit geäußert werden könne, umso wichtiger erscheint jedoch eine gewisse Institutionalisierung von Kritik am Unterricht. Während des normalen Unterrichtsverlaufs traut sich nämlich kaum eine Schülerin, öffentlich Kritik zu äußern und zu sagen, was ihr nicht passt. Wird aber eine solche Gelegenheit geschaffen, indem in regelmäßigen Abständen eine derartige „Muffelecke" eingerichtet wird, in welcher die Schüler/-innen ausdrücklich dazu aufgefordert sind, ihre Meinung zu sagen, kann die Kritikfähigkeit gefördert und das Lernklima sowie die Lerneffizienz verbessert werden. Falls die Schüler/-innen anfangs sehr unsicher sind oder das Klassenklima so schlecht ist, dass sich keiner traut etwas vor den anderen zu sagen, kann die Kritik auch schriftlich und anonym fixiert werden und die Lehrkraft liest sie anschließend laut vor. Eventuell kann diese Vorgehensweise dazu beitragen, die Diskussionsbereitschaft und Öffnung der Schüler/-innen zu fördern.

Wichtig ist vor allem eine ungezwungene und lockere Atmosphäre, die in eher ungemütlichen Klassenräumen eventuell durch einen alten Teppich oder eine brennende Kerze verstärkt werden kann, sowie ein vertrauensvolles Verhältnis zwischen Lehrkräften und Schüler/-innen. Außerdem muss darauf geachtet werden, dass die Lösungsvorschläge für bestehende Probleme tatsächlich in die Praxis umgesetzt werden. Hilfreich hierfür kann eine Fixierung der Ergebnisse in einem gemeinsamen „Muffeleckenprotokoll" sein. Geäußerte Kritikpunkte sollten nach einer gewissen Zeit in einer erneuten „Muffelecke" überprüft werden, damit die Schüler/-innen das Gefühl erhalten, dass ihre Kritik auch ernst genommen wird. Die Lehrkraft sollte ebenfalls ihre Kritik äußern, aber auch das loben, was ihr am Unterricht und am Verhalten der Schüler/-innen besonders gefallen hat. Ansonsten muss die Lehrkraft vor allem die Rolle der Diskussionsleitung übernehmen und versuchen, die Schüler/-innen zu konstruktiven Lösungsvorschlägen zu ermutigen.

Materialien:

evtl. alter Teppich, Kerze, Feuerzeug/Streichholz, Papier und Stifte (für das „Muffeleckenprotokoll")

Zeitaufwand:

ca. 20 Minuten, je nach Diskussionsbedarf auch länger

2.5.8 Problemanalyseschema

Differenzierte Problemanalyse ermöglichen; Visualisierung von Kritik und Lösungsstrategien; konkrete Lösungsvorschläge entwickeln; Schüler/-innen zur Problemlösung anhalten.

Ablauf:

Die Lehrkraft eröffnet die Problemanalyse, indem sie die Schüler/-innen zunächst bittet, ihre Kritik und Probleme im und am Unterricht in kurzen Stichwörtern auf Pappkarten zu notieren und diese an ein vorbereitetes Plakat bzw. die Tafel zu heften. Die veröffentlichten Aussagen werden dann laut vorgelesen und bei Unklarheiten von den jeweiligen Verfassern kommentiert. Anschließend sollen die möglichen Ursachen dieser Kritikpunkte wiederum auf Karten festgehalten, veröffentlicht und laut vorgelesen werden. Falls Diskussionsbedarf besteht, sollte dieser gewährt werden.

Im nächsten Schritt sollen sich die Schüler/-innen nach dem gleichen methodischen Schema mögliche Lösungsstrategien für die verschiedenen Probleme überlegen, bevor in einer weiteren Kartenabfrage eventuell bestehende Hindernisse bezüglich der Lösungsstrategien ausgemacht werden. Abgeschlossen werden sollte die Problemanalyse mit einem konkreten Maßnahmenkatalog, in dem festgehalten wird, wer mit wem für die Lösung welchen Problems in welchem Zeitraum verantwortlich ist. Das kann beispielsweise in Partner- oder Kleingruppenarbeit erfolgen, sodass sich jeder Lernende zumindest für die Lösung eines Problems verantwortlich fühlt. Dieser Maßnahmenkatalog sollte dann von Zeit zu Zeit wieder veröffentlicht und gemeinsam überprüft werden.

Beispiel:

Problemanalyseschema zum Thema:
Probleme im und mit dem Unterricht

1. Schritt: Problemsammlung per Kartenabfrage

2. Schritt: Ursachenanalyse per Kartenabfrage

3. Schritt: mögliche Lösungsstrategien per Kartenabfrage

4. Schritt: eventuell bestehende Hindernisse zur Problemlösung per Kartenabfrage

5. Schritt: konkreten Aktionsplan zur Problemlösung in Dreiergruppen erstellen

Alle Karten zu den jeweiligen Schritten sollten am besten wie in folgendem Beispiel in einer Reihe hintereinander an ein Plakat bzw. die Tafel geheftet werden, sodass ein übersichtliches Schema entsteht.

Problem	Ursache	mögl. Lösung	evtl. Hindernisse	Aktion
zu viel Stoff auf einmal	Lehrplanfülle	Themen exemplarisch behandeln	Prüfung	nur einige Themen exemplarisch
Noten zu streng	zu hoher Anspruch von Frau XY	Mitsprache-recht ein-räumen	eigenes Urteils-vermögen	Noten öffentlich diskutieren
etc.				

Didaktische Erläuterung:

Das Problemanalyseschema ist eine gute Möglichkeit, bestehende Probleme im Unterricht in einem sehr konzentrierten Verfahren auszumachen, Ursachen herauszufiltern und mögliche Lösungsstrategien zu finden. Durch die Moderatorenrolle, die die Lehrkraft einnimmt und durch die eingesetzte Metaplantechnik ist dieses Verfahren sowohl sehr übersichtlich und effektiv als auch stark schüler/-innenzentriert. Die Kartenabfrage gewährt den Lernenden eine gewisse Anonymität, da sich niemand zu seiner Aussage bekennen *muss*. Durch die Vorgehensweise in einzelnen, aufeinander folgenden Schritten können sich die Schüler/-innen auf die jeweilige Spalte des Analyseschemas konzentrieren und haben die Möglichkeit, dann im nächsten Schritt auf die Aussagen der anderen einzugehen.

Falls zwischen den einzelnen Schritten diskutiert wird, sollte die Lehrkraft darauf achten, dass die Diskussion nicht zu weit führt und die noch folgenden Schritte bereits jetzt angesprochen werden. Deshalb sollte eine ausführlichere Besprechung erst erfolgen, nachdem das Problemanalyseschema komplettiert und die wesentlichen Meinungen damit visualisiert worden sind. Wichtig ist, dass am Ende dieser meta-unterrichtlichen Einheit ein konkreter Maßnahmenkatalog erstellt wird, damit die Lösungsstrategien auch tatsächlich verwirklicht werden. Das erhöht die Verantwortungsbereitschaft bei den Schüler/-innen und die Verbindlichkeit des Kataloges, der deshalb von Zeit zu Zeit wieder überprüft werden sollte.

Materialien:

Plakate, Pinwände/Tafel, Stecknadeln/Kreppband, Pappkarten, dicke Stifte

Zeitaufwand:

ca. 2 Unterrichtsstunden

13 Brecker, Bausteine – ISBN 978-3-8120-0394-0

Kleine Spiele für zwischendurch

2.6 Kleine Spiele für zwischendurch

Spielen in der Schule ist in der didaktischen Literatur und der unterrichtlichen Praxis ein kontrovers diskutiertes Thema. Für viele Leute passen Spiele und Unterricht in höheren Jahrgängen nicht zusammen, weil „Spiel" eher mit Kindern oder Grundschulpädagogik in Verbindung gebracht wird. Diese mangelnde Akzeptanz von Spielen im Unterricht ist jedoch kaum zu rechtfertigen. Zahlreiche Schlüsselqualifikationen können gerade durch das Spiel in seinen verschiedensten Varianten gefördert werden. Konzentrations-, Kommunikations- und Kooperationsfähigkeit sowie Kreativität sind einige der wichtigsten Beispiele dafür.

Eine in den 90er Jahren durchgeführte Umfrage an berufsbildenden Schulen[1] ergab, dass die Mehrzahl der Schüler/-innen den generellen Wunsch nach verstärktem Spieleinsatz im Unterricht äußerte. Spiele bieten eine willkommene Abwechslung im überwiegend kognitiv orientierten Schulalltag, sie unterstützen die gleichberechtigte und angstfreie Beteiligung aller Schüler/-innen und bieten dadurch neue Möglichkeiten, das schulische Lernen wieder mit mehr Spaß und Motivation zu besetzen.

Allerdings empfinden auch viele Lehrer und vor allem ältere Schüler/-innen Spielen im Unterricht angesichts des allgegenwärtigen Prüfungs- und Zeitdrucks als Zeitverschwendung oder es wird als „albern" und „kindisch" abgetan. Diese Ablehnung dürfte sich allerdings kaum auf inzwischen breit akzeptierte Spiele wie Lernspiele (siehe z.B. Kapitel 2.4), Unternehmens- oder Planspiele beziehen, bei denen der inhaltliche, unterrichtsrelevante Aspekt erkennbar im Vordergrund steht. Eher werden wahrscheinlich szenische- oder Interaktionsspiele von den Lernenden abgelehnt, weil sie entweder nicht gewohnt sind, sich vor Zuschauern in anderen Rollen zu präsentieren oder der Sinn dieser Spielformen für die Schüler/-innen nicht offensichtlich wird. Aus diesem Grund ist es wichtig, dass die Lehrkraft die Schüler/-innen zu Beginn eines jeden Spiels darüber aufklärt, welche Intentionen damit verfolgt werden. Gerade angesichts der Vielzahl von Zielen, die durch die verschiedenen Spielformen angestrebt werden, dürfte eine erhöhte Spielbereitschaft und -begeisterung bei den Schüler/-innen nicht schwer zu erreichen sein, wenn ein gemeinsamer Sinnhorizont vorhanden ist.

In diesem Kapitel geht es um Spielen im „Kleinen", unabhängig von den Unterrichtsinhalten. Es werden Vorschläge für kleine Interaktionsspiele zwischendurch gemacht, die ohne großen Vorbereitungsaufwand und ohne besondere Materialien gespielt werden können und sich auch für ältere Schüler/-innen gut eignen. Gegen Ende einer Unterrichtsstunde oder in den letzten Stunden eines Unterrichtstages, wenn die Konzentration auf beiden Seiten merklich nachlässt, kann eines dieser Spiele als willkommene „Atempause" dienen, durch die neue Kraft und Leistungsfähigkeit geschöpft wird. Außerdem wird der Spaß aller Beteiligten am Spielen erfahrungsgemäß nicht zu kurz kommen und so ganz nebenbei trainieren die Schüler/-innen dabei wichtige Schlüsselfunktionen!

---

[1] Vgl. Arndt / Brümmer / Dageforde u.a. (1994), S. 9 ff.

Die vorgestellten Spiele dienen verschiedenen Zielen, wie z. B. vorrangig der Konzen-trationsförderung (beispielsweise *Doppelzahl verliert, Kreisklatschen, Was ist anders, Schachtelsätze*), ermöglichen zusätzlich auch eine Bewegung der Schüler/-innen im Raum *(Zublinzeln, Gruppenknoten, drei gewinnt)* oder es steht die Kreativität der Spie-lenden im Vordergrund (z. B. *Fortsetzungsgeschichte, Begriffskette, Reihumgeschichte*). Die Kooperationsfähigkeit wird besonders beim *Kreisklatschen, Zublinzeln, Gruppen-knoten* oder *drei gewinnt* gefördert.

Das *Gräuel-Wichteln* ist vielleicht kein typisches Spiel im eigentlichen Sinne, aber eine erfahrungsgemäß sehr lustige Gemeinschaftsaktion in der Vorweihnachtszeit, die des-halb auch hier ihren Eingang gefunden hat.

2.6.1 Drei gewinnt

Konzentrationsfähigkeit erhöhen; Kooperationsbereitschaft fördern; problemlösendes Denken trainieren.

Ablauf:

Es werden im Klassenraum insgesamt 9 Stühle in 3 hintereinander stehenden Dreierreihen aufgebaut. Anschließend werden 2 Teams mit je 3 Mitspieler/-innen gebildet. Der Reihe nach muss sich nun abwechselnd je ein Teammitglied auf einen der Stühle setzen bzw. sich so gezielt umsetzen, dass eine Dreiherreihe entsteht. Dabei soll gleichzeitig das andere Team an einer Reihenbildung behindert werden. Das Team, welches es als Erstes schafft, eine zusammenhängende Dreierreihe zu bilden, hat gewonnen.

Beispiele:

Didaktische Erläuterung:

Dieses Spiel ist besonders für kurze Auflockerungsphasen zwischendurch geeignet. Es macht Spaß und fördert gleichzeitig wichtige Fähigkeiten der Schüler/-innen. Man kann es mit verschiedenen Teams mehrmals hintereinander spielen, damit alle Schüler/-innen einmal drankommen.

Materialien:

9 freistehende Stühle

Zeitaufwand:

pro Spiel ca. 5 Minuten

2.6.2 Begriffskette

Konzentrationsfähigkeit erhöhen; Fantasie anregen; Kreativität fördern

Ablauf:

Alle stehen im Kreis oder in Hufeisenform. Eine Begriffskategorie wird – am besten von den Schüler/-innen – vorgegeben und der erste Begriff genannt. Der Nächste muss mit dem Endbuchstaben des vorhergehenden Begriffs einen neuen bilden etc. Fällt jemandem nichts ein oder ein Wort wird wiederholt, scheidet er aus und muss sich hinsetzen oder aus dem Kreis wegtreten. Gewonnen hat die Schülerin, die als Letzte noch stehen bleibt.

Beispiele:

(1) **Begriffskategorie** *Tierarten*
   Hund – Dromedar – Ratte – Elefant – Tiger – Rotkehlchen – etc.

(2) **Begriffskategorie** *Dinge im Büro*
   Schreibtisch – Hängeregister – Radiergummi – Isolierkanne – Etikett – etc.

(3) **Begriffskategorie** *Vornamen*
   Tina – Antje – Eberhard – Detlef – Frank – Kathrin – etc.

Didaktische Erläuterung:

So einfach das Spiel erscheinen mag, umso schwieriger ist es in der Durchführung, vor allem bei sehr eingegrenzten Kategorien. Gerade das Verbot einer Wiederholung führt bei fortgeschrittener Runde oft dazu, dass man sich quasi den Kopf zerbricht und einem doch nichts mehr einfällt. Das macht den Reiz dieses Spiels aus und fördert ungemein die Konzentrationsfähigkeit. Man kann es deshalb gut zwischendurch spielen, um die „grauen Gehirnzellen" wieder auf Trab zu bringen.

Materialien:

keine

Zeitaufwand:

ca. 10 Minuten pro Runde

Literaturhinweis:

Pallasch/Zopf (1981), S. 250

2.6.3 Fortsetzungsgeschichte

Zielsetzung:

Kreativität und Fantasie fördern; mündliche Ausdrucksfähigkeit trainieren; Eingehen auf Äußerungen anderer üben.

Ablauf:

Die Schüler/-innen sitzen oder stehen im Kreis. Der Titel einer Geschichte wird – am besten spontan von den Schüler/-innen – vorgegeben. Einer fängt an, die Geschichte mit ein paar Sätzen einzuleiten und wirft anschließend jemand anderem aus der Runde einen Ball zu. Dieser muss nun fortfahren, bis er den Ball wieder weiterwirft. Dann ist die Nächste an der Reihe usw. bis jeder mindestens einmal dran war und die Geschichte zu einem (einigermaßen) erkennbaren Ende geführt worden ist

Beispiele:

> **(1) Möglicher Titel** „Der missglückte erste Arbeitstag"
>
> **(2) Möglicher Titel** „Berufsschule einmal anders"
>
> **(3) Möglicher Titel** „Ein Verkäufer sieht rot"

Didaktische Erläuterung:

Die Beispiele zeigen, dass man den Titel der Geschichte durchaus auch auf die Situation der Schüler/-innen abstimmen kann. Besser ist es jedoch, die Schüler/-innen selbstständig Vorschläge machen zu lassen, wobei man auch auf völlig unsinnig klingende Titel vorbereitet sein muss – was allerdings sehr Fantasie fördernd sein kann! Auf jeden Fall ist diese Übung witzig und auflockernd, da oft die unmöglichsten Geschichten herauskommen. Wem gar nichts mehr einfällt, der kann den Ball in Notfällen auch weitergeben.

Es sollte auf eine gleichmäßige Beteiligung aller Schüler/-innen geachtet werden. Außerdem muss die Lehrkraft dafür Sorge tragen, dass irgendwann zum Ende der Geschichte gekommen wird.

Diese Übung trainiert vor allem die Fantasie und Kreativität, sie fördert aber auch das Eingehen auf Äußerungen der Mitschüler/-innen, weil jeweils an das vorher Gesagte angeknüpft werden muss, um der Geschichte einen Sinn zu verleihen.

Materialien:

kleiner weicher Ball oder ähnlicher Gegenstand

Zeitaufwand:

ca. 10 Minuten

2.6.4 Doppelzahl verliert

Aufmerksamkeit und Konzentrationsfähigkeit erhöhen; genaues Zuhören trainieren; Entwicklung von problemlösenden Strategien fördern; Kooperationsfähigkeit erhöhen.

Ablauf:

Alle stehen im Kreis. Es sollen die Zahlen 1–10 der Reihe nach laut aufgezählt werden, ohne dass zwei oder mehr Schüler/-innen gleichzeitig rufen und eine Zahl dadurch doppelt nennen. Ist das dennoch der Fall, muss von vorne begonnen werden. Wichtig ist, dass außer den Zahlen kein Wort gesagt werden darf und dass die Lehrkraft keinerlei Sprechreihenfolge vorgibt.

Didaktische Erläuterung:

Dieses Spiel ist durch höchste Konzentration geprägt und trotz der simplen Idee kaum zu lösen, wenn nicht von den Schüler/-innen bestimmte Strategien entwickelt werden, beispielsweise der Reihe nach zu zählen oder nur einen Schüler von 1–10 komplett durchzählen zu lassen. Ein solcher Lösungsweg scheint offensichtlich, ist nach eigener Erfahrung aber nicht unbedingt der Fall und kann ein langwieriger Prozess werden, zumal die Schwierigkeit besteht, dass außer den Zahlen nichts gesagt werden darf. Es ist interessant zu sehen, ob und wie die Lernenden ohne Vorgaben von außen in der Lage sind, problemlösende Strategien aus der Gruppe heraus zu entwickeln. Aus diesem Grunde ist das Spiel auch eine sehr gute Übung, um die gegenseitige Aufmerksamkeit und Kooperationsbereitschaft zu fördern.

Materialien:

keine

Zeitaufwand:

ca. 10 Minuten

2.6.5 Gruppenknoten lösen

Problemlösefähigkeit erhöhen; Kooperationsbereitschaft stärken; körperliche Bewegung ermöglichen; Teamgeist fördern.

Ablauf:

Die Klasse wird in Gruppen von 8–10 Schüler/-innen aufgeteilt. Die einzelnen Gruppen sollen sich Schulter an Schulter dicht nebeneinander in einen Kreis stellen und mit verschlossenen Augen kreuz und quer an den Händen festhalten. Der direkte Nachbar darf jedoch nicht an die Hand genommen werden. Dann werden die Augen geöffnet und die Schüler/-innen müssen versuchen, den entstandenen Knoten möglichst schnell zu entwirren, ohne (!) sich gegenseitig loszulassen. Diejenige Gruppe, die es zuerst schafft, hat gewonnen.

Didaktische Erläuterung:

Dieses witzige Bewegungsspiel kann gut zwischendurch gespielt werden, wenn das Klassenklima es zulässt, dass sich die Schüler/-innen gegenseitig anfassen. Es erfordert Geschick und hohe Problemlösefähigkeit, den Gruppenknoten wieder zu lösen. Manchmal gelingt es auch gar nicht, vor allem bei einer größeren Gruppenmitgliederzahl. Die notwendigen Verrenkungen sind dennoch spaßig anzuschauen und lockern die Stimmung in der Regel erheblich auf. Zusätzlich fördert dieses Spiel die Kooperationsbereitschaft und Teamfähigkeit der Schüler/-innen.

Die Lehrkraft sollte eher nicht mitmachen, sondern das Geschehen von außen beobachten, weil es sich um eine sehr körperbetonte Übung handelt.

Materialien:

keine

Zeitaufwand:

ca. 10 Minuten

2.6.6 Kreisklatschen

Aufmerksamkeit und Konzentrationsfähigkeit erhöhen; Kooperationsfähigkeit trainieren.

Ablauf:

Alle stellen sich in einem nicht zu engen Kreis auf. Zwei Leute beginnen das Spiel, indem sie sich zueinander drehen und möglichst simultan in die Hände klatschen. Derjenige, der das Klatschen empfangen hat, dreht sich nun in die andere Richtung und muss mit dem Nebenmann wiederum möglichst gleichzeitig in die Hände klatschen, dieser dreht sich dann ebenfalls um etc. Anfangs kann das noch relativ langsam erfolgen, aber nach und nach wird das Tempo erhöht. Ziel ist es, wirklich nur ein einziges Klatschen zu hören, also absolute Simultanität zwischen zwei Schülern zu erreichen. Der Schwierigkeitsgrad dieser Übung kann noch weiter erhöht werden, indem nicht gesprochen werden darf und/oder später ein zweites oder sogar drittes Klatschen in die entgegengesetzte Richtung gegeben wird.

Didaktische Erläuterung:

Dieses Spiel eignet sich vor allem für den kurzen Einschub zwischen einer anstrengenden Unterrichtseinheit oder in den letzten Stunden des Schultages, wenn Aufmerksamkeit und Konzentrationsfähigkeit merklich nachlassen. Es erfordert – besonders bei schnellerem Tempo oder mehreren Klatschern – höchste Konzentration und Aufmerksamkeit, weshalb nicht nebenbei gesprochen werden sollte. Dennoch ist die absolute Simultanität nur schwer zu erreichen, was aber andererseits sehr anspornend auf die Schüler/-innen wirken kann.

Materialien:

keine

Zeitaufwand:

ca. 10 Minuten

2.6.7 Zublinzeln

Aufmerksamkeit und Konzentrationsfähigkeit erhöhen; körperliche Bewegung fördern; Kooperationsfähigkeit erhöhen; Auflockerung des Klassenklimas.

Ablauf:

Alle setzen sich in einen Stuhlkreis, sodass jeder jeden sehen kann. Da es einen Stuhl zu wenig gibt, muss sich eine Person in die Mitte stellen und nun versuchen, einen freien Stuhl zu ergattern, indem sie darauf achtet, ob zwei Mitschüler/-innen im Stuhlkreis die Plätze tauschen wollen. Das geschieht, indem sich jeweils zwei sitzende Schüler/-innen gegenseitig anblinzeln und möglichst unauffällig abstimmen, um dann so schnell wie möglich die Plätze zu tauschen, ohne dass die Person in der Mitte während des Tauschvorgangs einen von den Stühlen besetzen kann. Sobald das dennoch geschieht steht derjenige in der Mitte, dessen Sitzplatz verloren ging und muss jetzt versuchen, von den anderen, die ihre Plätze wechseln, einen Stuhl zu ergattern.

Didaktische Erläuterung:

Dieses Spiel ist sehr lebhaft und witzig und fördert neben der Aufmerksamkeit auch die körperliche Bewegung der Schüler/-innen. Falls viele Schüler/-innen gleichzeitig blinzeln, kann es allerdings etwas zu chaotisch werden. In der Regel passiert das gerade in den ersten Minuten jedoch eher selten, da alle viel zu sehr darauf konzentriert sind, ob sie selber angeblinzelt werden oder nicht. Denn nur bei gegenseitiger sprachloser und möglichst unauffälliger Rückversicherung der Blinzler kann man schnell und effektiv den Platz tauschen, ohne dass er von der Person in der Mitte weggeschnappt wird. Das erhöht die Kooperationsfähigkeit der Schüler/-innen und lockert das Klassenklima auf.

Materialien:

Stühle

Zeitaufwand:

ca. 10 Minuten

2.6.8 Was ist anders?

Zielsetzung:

Beobachtungsfähigkeit und Aufmerksamkeit erhöhen; Sensibilisierung für Details; gegenseitige Wahrnehmung der Mitschüler/-innen fördern.

Ablauf:

Die Klasse wird in 4–5 Gruppen aufgeteilt. Jede Gruppe setzt sich in einem Kreis zusammen, sodass jeder jeden gut sehen kann. Nun sollen sich alle ca. eine Minute lang jedes Detail der Gruppe und der einzelnen Mitglieder einprägen, z. B. Sitzordnung, Kleidungsstücke, Accessoires usw. Dann geht jeweils einer aus jeder Gruppe kurz vor die Tür und die anderen nehmen gruppenweise eine optische Veränderung vor, beispielsweise die Vertauschung von zwei Brillen, das Entfernen eines Ohrrings, die Öffnung eines Schnürsenkels, ein Platzwechsel, etc. Die Körperhaltung sollte aber soweit wie möglich beibehalten werden. Nun wird das vor der Tür stehende Gruppenmitglied wieder hereingerufen und muss die vorgenommene Veränderung herausfinden. Anschließend geht das nächste Gruppenmitglied vor die Tür und es wird erneut eine Veränderung vorgenommen. Diese Übung sollte so lange wiederholt werden, bis alle Schüler/-innen einmal vor der Tür waren.

Didaktische Erläuterung:

Dieses ruhige Spiel fördert die gegenseitige Wahrnehmungsfähigkeit der Schüler/-innen und trainiert die genaue Beobachtungsgabe. Anfangs können die vorgenommenen Veränderungen noch etwas leichter zu erraten sein, sie sollten aber zunehmend schwieriger werden. Man kann die Übung auch auf die Wahrnehmung von körperlichen Positionsänderungen ausdehnen, aber das ist problematischer, da sich völlig gleich bleibende Haltungen oft nicht über längere Zeit aufrecht erhalten lassen. Dennoch kann diese Variante sehr reizvoll sein, weil die Veränderungen von Blickrichtungen, Hand- oder Kopfhaltungen usw. in der Regel noch schwieriger wahrzunehmen sind als andere Details.

Materialien:

keine

Zeitaufwand:

ca. 20 Minuten (je nach Gruppengröße)

Literaturhinweis:

Pallasch/Zopf (1980), S. 369

2.6.9   Schachtelsätze

Schulung der Konzentration und des Gedächtnisses; Förderung von Fantasie und Kreativität.

Ablauf:

Alle stehen im Kreis oder in Hufeisenform. Jemand beginnt einen Schachtelsatz mit dem ersten Wort. Reihum muss nun jeder Schüler das bereits Gesagte wiederholen und ein (!) passendes Wort hinzufügen, sodass allmählich ein völlig verschachtelter, aber dennoch sinnvoller Satz entsteht. Die Position des hinzugefügten Wortes ist dabei nicht entscheidend, es muss nur grammatikalisch und sinngemäß in den Satz passen. Verhaspelt sich ein Schüler bei der Wiederholung des Satzes oder fällt ihm kein Wort mehr ein, das noch eingebaut werden könnte, scheidet er aus und muss sich hinsetzen. Sieger ist derjenige, der am Ende als Einziger noch steht.

Beispiele:

Der Satz könnte beginnen mit *„Frau"*, die nächste Schülerin fährt fort: *„Frau Müller"*, der folgende Schüler sagt: *„Die Frau Müller"*, dann die nächste *„Die kleine Frau Müller"* usw. Am Ende könnte folgender Satz entstanden sein:

„Die liebe, kleine, dicke Frau Müller verpasst am Freitag, den 13. Oktober dieses schönen Jahres, den knallgelben Autobus in der alten, ehrwürdigen Universitätsstadt Heidelberg und kommt deshalb viel zu spät zu ihrem ersten wichtigen Vorstellungsgespräch, das sie in einem Unternehmen hat, welches für die Herstellung ätzender, hochgiftiger Chemikalien in der ganzen Region bekannt geworden ist."

Didaktische Erläuterung:

Dieses Spiel fördert auf unterhaltsame Art die Gedächtnisleistung und die Kreativität der Schüler/-innen. Alle müssen sich während des gesamten Spiels stark konzentrieren, weil zum einen darauf geachtet werden muss, dass bei der Satzwiederholung kein Fehler gemacht wird und zum anderen darf keiner das neue Wort verpassen, welches gerade bei bereits sehr langen Schachtelsätzen leicht untergeht.

Materialien:

keine

Zeitaufwand:

ca. 10 Minuten

2.6.10 Duo-Zeichnen

Gegenseitiges Zuhören fördern; korrekte Anweisungen geben können; Fantasie anregen; visuelle Vorstellungskraft erhöhen.

Ablauf:

Zwei Schüler/-innen sitzen Rücken an Rücken, vor sich je ein leeres Blatt (am besten kariertes) Papier. Ein Schüler ist jeweils der „Ansager" und erklärt dem anderen, wie und was gezeichnet wird, während der andere nach dieser Ansage versucht, das Gleiche wie der Partner zu zeichnen. Wenn das Zeichenobjekt vollendet ist oder eine von der Lehrkraft vorgegebene Zeit abgelaufen ist, schauen sich beide Schüler/-innen ihre jeweiligen Zeichnungen an und vergleichen sie.

Beispiele:

(1) Schülerin A will ein Haus zeichnen und beginnt mit einem Quadrat. Dazu erklärt sie Schüler B gleichzeitig:
„Ich beginne mit einem Rechteck, das ca. 5 cm lang und 3 cm hoch ist. Darauf setze ich dann ein gleichschenkliges Dreieck. In die Mitte des Rechtecks zeichne ich eine Haustür, die etwa 1 cm mal 2 cm misst..."

(2) Schüler B möchte nun ein Tier – genauer einen Hund – zeichnen und sagt:
„Ich male eine halbrunde, längliche Schnauze, in der Mitte einen Strich und einen Eckzahn, der seitlich herausschaut und vier Haare an der Seite..."

Didaktische Erläuterung:

Diese Übung erfordert einen sehr hohen Grad an gegenseitiger Aufmerksamkeit und Zuhörbereitschaft sowie ein hohes Maß an visueller Vorstellungskraft. Um diese Fähigkeiten zu trainieren, empfiehlt es sich, zunächst mit einem geringeren Schwierigkeitsgrad zu beginnen, indem man beispielsweise geografische Figuren auf kariertem Papier zeichnet, die dem Nachzeichnenden auch vorher bekannt gegeben werden (z. B. ein Haus). Für Fortgeschrittene können dann solch schwierige Zeichnungen wie der Hund, Menschen, Autos usw. erstellt werden – wobei der höchste Schwierigkeitsgrad gegeben ist, wenn dem Nachzeichnenden nicht bekannt ist, was überhaupt gezeichnet werden soll.

Es bietet sich an, die Zeit für diese Übung vorher zu begrenzen (ca. 5 Minuten je Zeichnung) und anschließend die Ergebnisse der Partner zu vergleichen, da der Zeitbedarf sonst schlecht abgeschätzt werden kann.

Nach einmaligem Tausch der Rollen des Ansagenden und des Nachmalenden sollte dann im Plenum oder zwischen den Paaren thematisiert werden, welche Abweichungen entstanden sind und auf welche Fehler bzw. Schwächen beim Ansagen sie zurückgeführt werden können. Dadurch können nach und nach die Fähigkeiten der Schüler/-innen zu exakteren Arbeitsanweisungen gesteigert werden.

Materialien:

Papier (am besten kariertes) und Stifte, Schreibunterlage

Zeitaufwand:

ca. 25 Minuten

2.6.11 Wer ist der Leitwolf?

Zielsetzung:

Konzentration und gegenseitige Wahrnehmung fördern; körperliche Bewegung ermöglichen; Kooperationsfähigkeit erhöhen.

Ablauf:

Alle Schüler/-innen sitzen im Stuhlkreis. Nun wird einer bestimmt, der vor die Tür gehen muss. Der Rest der Klasse überlegt sich dann, wer von ihnen der „Leitwolf" für die erste Runde sein soll. Dieser hat die Aufgabe, jeweils bestimmte körperliche Bewegungen vorzumachen, welche die anderen dann nachmachen sollen. Wichtig dabei ist, dass das ganze möglichst unauffällig und dabei sehr schnell erfolgt, denn der Schüler vor der Tür stellt sich nun in die Stuhlkreismitte und muss herausfinden, wer in der Klasse der Leitwolf ist. Das heißt, bei jedem Bewegungswechsel hat er eine Chance, durch genaues Beobachten denjenigen zu erkennen, der diese Bewegungen vormacht. Wenn der Leitwolf erkannt wurde, muss dieser anschließend vor die Tür gehen. Der erfolgreiche Schüler aus der Mitte darf sich setzen und es wird für die nächste Runde ein neuer Leitwolf bestimmt, der auf die gleiche Weise herausgefunden werden muss.

Didaktische Erläuterung:

Der „Leitwolf" ist ein gutes und gleichzeitig sehr unterhaltsames Spiel, um gegenseitige Wahrnehmung und die Fähigkeit zur Kooperation zu fördern, denn alle müssen stets aufeinander achten und ihre Bewegungen möglichst zeitgleich abstimmen. Das ist wichtig, denn wenn alle ausschließlich auf den Leitwolf starren, dürfte dieser sehr schnell herausgefunden werden. Wahrscheinlich begeht die Klasse am Anfang diesen Fehler, deshalb ist es interessant, inwieweit sich daraus für die folgenden Runden eine andere Strategie entwickelt. Eventuell kann es pädagogisch sinnvoll sein, dass die Lehrkraft jeweils den Leitwolf bestimmt, z. B. wenn es sich dabei um einen Außenseiter in der Klasse handelt, der auf diese Weise die Chance erhält, einmal als „Leitfigur" die Aufmerksamkeit der Mitschüler/-innen auf sich zu ziehen. Im besten Fall besteht durch spielerische Intervention so die Möglichkeit, das Klassenklima behutsam zu verbessern.

Materialien:

keine

Zeitaufwand:

ca. 20 Minuten

2.6.12 Reihumgeschichten

Kreativität fördern; schriftliche Ausdrucksfähigkeit trainieren; Klassengemeinschaft stärken

Ablauf:

Alle Schüler/-innen sollen ein Blatt Papier und einen Stift nehmen. Dann diktiert die Lehrkraft den Anfangssatz einer spannenden Geschichte, den die Schüler/-innen in der zweiten Blattzeile mitschreiben sollen. Die erste Zeile bleibt noch frei, weil ganz zum Schluss dort der Titel der Geschichte notiert wird. Jetzt soll jeder für sich diesen Anfangssatz weiterschreiben.

Nach ca. 2 Minuten gibt die Lehrkraft ein Signal und alle lassen sofort den Stift fallen. Dann wird jedes Blatt zwei bis drei Schüler/-innen im Uhrzeigersinn weitergereicht und jeder schreibt nun die vor ihm liegende Geschichte weiter – mit Bezug zu den Ideen des Vorgängers.

Der zweite Wechsel erfolgt wiederum nach ca. 2 Minuten und es wird genauso verfahren wie beim ersten Mal.

Insgesamt werden die Geschichten ca. 5 – 6 mal weitergereicht. Beim vorletzten Mal sollte die Lehrkraft darauf hinweisen, dass es jetzt in die Schlussrunde geht und die Geschichten langsam auf ein Ende hin steuern sollten. In der letzten Runde müssen dann alle einen endgültigen Schluss schreiben. Anschließend werden die Blätter ein letztes Mal weitergereicht und jeder soll der nun vollständigen Kurzgeschichte einen passenden Titel geben.

Zum Schluss kann man je nach vorhandener Zeit entweder nur Freiwillige die Geschichten vorlesen lassen oder alle Schüler/-innen.

Beispiele:

Mögliche Satzanfänge bei den Reihumgeschichten:

(1) Gestern morgen öffnete Andreas W. um 07:55 Uhr die Tür des Klassenzimmers – und er traute seinen Augen nicht, denn...

(2) Der Nachmittagsunterricht bei der wandelnden Schlaftablette Frau B. in der 12W01 ist in vollem Gange:
Steve legt unter dem Tisch heimlich Hand an seinen Spickzettel, Johannes fummelt auch unter der Bank – aber an seinem Handy, Anja kann ihre Finger ebenfalls nicht bei sich lassen, weil sie an der Tastatur kleben und Tanja kann ihre Hand nicht aus der Luft nehmen. Der Rest der Klasse macht jedoch, was er soll

und hofft, dass es endlich 16:15 Uhr wird. Alles ist also wie immer – sollte man meinen. Doch plötzlich geschieht das Unglaubliche...

(3) Es war einmal eine Prinzessin, die konnte Unglaubliches tun: ....

(4) Das Laternenlicht schimmerte fahl durch den Nieselregen. Es war kalt und ungemütlich. Er ging mechanisch, wie in Trance. Es war still um ihn herum in der hereinbrechenden Dunkelheit. Doch plötzlich vernahm er eine Stimme: ....

Didaktische Erläuterung:

Reihumgeschichten kann man gut zu bestimmten „Leerlaufphasen" wie z. B. am letzten Schultag vor den Ferien oder vor Weihnachten einsetzen. Der anfängliche Widerwille vieler Schüler/-innen, wenn es ums Schreiben geht, verliert sich meist schnell, wenn der Geschichtenanfang entweder besonders interessant formuliert ist – oder als erfahrungsgemäß noch beliebtere Variante erkennbar auf die Klasse und ihre Situation bezogen ist. Außerdem braucht aufgrund des häufigen Wechselns der Schreiber/innen an einer Geschichte niemand Angst zu haben, dass eventuell vorhandene sprachliche oder kreative Defizite auffallen.

Wichtig ist es deshalb, beim Wechseln die Blätter nicht nur *einen* Banknachbarn weiterzugeben, sondern mindestens zwei bis drei, damit keine persönlichen Kommentare an den Nebenmann gegeben werden können.

Erfahrungsgemäß wird die Phantasie der Schüler/-innen beim Geschichten schreiben innerhalb kürzester Zeit angeregt, sodass alle ersichtlichen Spaß beim Lesen und Weiterschreiben haben – und das i. d. R. unabhängig vom Bildungsstand der Schüler/-innen. Durch die Formulierung und den Stil des Anfangssatzes kann die Lehrkraft den Phantasiegrad etwas steuern. Will man z. B. die Geschichten auf die Klasse beziehen, bietet sich durchaus ein etwas satirischer Stil an.

Wie bei allen personalisierten Methoden muss dann aber darauf geachtet werden, dass niemand persönlich verletzt wird. Man kann sich auch als Lehrkraft gut selbst mit einbinden und auf die „Schippe" nehmen. Das anschließende Vorlesen der fertigen Geschichten erfolgt meist unter großer Begeisterung aller. Allerdings muss man als Lehrkraft darauf gefasst sein, dass durch alle Klassen und Bildungsstufen hinweg auch sexistische und gewaltbetonte Geschichten entstehen können. Eventuell kann man im Vorfeld darauf hinweisen, dass nur „jugendfreie" Geschichten entstehen sollten.

Man kann die Reihumgeschichten auch als Märchen, Krimi, Liebesgeschichte etc. titulieren, indem der Anfangssatz bewusst auf das Genre abgestimmt ist. Oder man überlässt den Schüler/-innen auch den ersten Satz, sodass ganz verschiedene Geschichten entstehen. Dann sollte aber zumindest das Genre vorgegeben werden. Insgesamt bietet diese Methode somit eine Fülle an Möglichkeiten für kreatives Schreiben.

Die Reihumgeschichten können durchaus mehrmals mit Variationen in einer Klasse eingesetzt werden. Eventuell legt man sogar eine Sammlung der besten Geschichten an, die am Schulende als Erinnerung für alle verteilt werden.

Materialien:

Zettel, Stift, evtl. vorgegebener Geschichtenanfang

Zeitaufwand:

ca. 1 Unterrichtsstunde

2.6.13 Gräuel-Wichteln

Weihnachtsstimmung fördern; Klassengemeinschaft stärken; Kreativität fördern; Präsentationsfähigkeit trainieren.

Ablauf:

Als letzte Stunde vor den Weihnachtsferien wird das Gräuel-Wichteln im Rahmen einer gemeinsamen kleinen Feier durchgeführt. Dazu soll im Vorfeld jeder von zuhause eine Kleinigkeit mitbringen, die besonders grässlich, kitschig, langweilig, kompliziert, etc. ist. Das kann eine alte CD sein, ein Buch, ein Kerzenständer, ein Nippesteil, ein Spielzeug, etc. Dieses Teil soll dann verpackt (!) zur Weihnachtsfeier in die Schule mitgenommen werden. Auch die Lehrkraft bringt so ein „Gräuel" mit – und dazu noch mehrere Würfel.

Es wird ein Stuhlkreis gebildet – idealerweise um zusammengeschobene Tische in der Mitte – und jeder legt sein verpacktes „Gräuel" in die Mitte des Tisches. Jetzt darf sich reihum jeder ein „Gräuel" aussuchen und es auspacken. In der nächsten Phase preisen nun alle Schüler/-innen reihum ihr gewähltes „Gräuel" in marktschreierischem Stil an. Es werden dabei die besonderen Vorzüge des Gräuels hervorgehoben und vielleicht wird auch noch eine fiktive Vorgeschichte dazu erzählt.

Wenn die Präsentationsphase abgeschlossen ist, findet die Würfelphase statt: Reihum wird nun gewürfelt. Bei einer „1" werden alle „Gräuel" im Uhrzeigersinn eine Person weitergegeben, bei einer „6" darf der Würfelnde sein vor ihm liegendes „Gräuel" mit einem beliebigen anderen tauschen. Nach einer Zeitvorgabe von etwa 10 Minuten ist die Würfelphase auf die Sekunde genau beendet und nun darf/muss jeder das aktuell vor ihm liegende „Gräuel" behalten.

Didaktische Erläuterung:

„Gräuel-Wichteln" ist ein sehr lebhaftes und lustiges Vorweihnachtsspiel. Der Vorteil an dieser Variante des bekannten Wichtelns ist, dass die mitgebrachten Dinge nichts kosten, weil bestimmt jeder zuhause etwas herumliegen hat, was er nicht mehr leiden mag. Außerdem muss man niemand Bestimmtem etwas mitbringen, was vielen Schüler/-innen oft schwer fällt. Je scheußlicher die mitgebrachten „Gräuel", desto lustiger ist erfahrungsgemäß diese Methode – vor allem in der Präsentationsphase, wenn versucht wird, noch die größte Scheußlichkeit mit ihren Vorzügen anzupreisen.

In der Würfelphase geht es dann oft sehr lebhaft zu, weil einige Schüler/-innen durchaus Gefallen an bestimmten „Gräueln" gefunden haben und diese zum Schluss auch mitnehmen wollen. Wenn dann eine „1" oder „6" fällt, ist der Tumult oft groß – insbesondere, wenn das Ende der Würfelzeit naht.

Die Lehrkraft sollte vorsorglich vielleicht einige Gräuel mehr von daheim mitbringen, denn erfahrungsgemäß vergisst der eine oder andere Schüler seines, sodass dann nicht genügend für alle da wären. Zahlenmäßig sollten die „Gräuel" aber genau auf die Klasse inklusive Lehrkraft, die auch mitspielt, abgestimmt sein.

Materialien:

so viele „Gräuel" wie Schüler/-innen und (Klassen-)Lehrer/-in; 5–6 Würfel

Zeitaufwand:

ca. 30 Minuten

3   Nachwort

Erfolgreicher Unterricht muss den Erwerb von Schlüsselqualifikationen durch Methodenvielfalt fördern. Da der Schwerpunkt dieses Buches aber auf der Vorstellung *praktischer* Unterrichtsbausteine liegt, können die komplexen Zusammenhänge sowie die verschiedenen theoretischen Ansätze und Auslegungen dieser Forderung hier nicht ausführlicher erläutert werden. Festzuhalten ist lediglich, dass der Erwerb von Schlüsselqualifikationen im Laufe der Schulzeit heutzutage zwingend notwendig ist, damit unsere Schüler/-innen in einer ständig komplexer werdenden Berufs- und Lebenswelt erfolgreich bestehen können. Aus diesem Grund sind umfassende Innovationen im Lehr-Lern-Bereich erforderlich – vor allem eine Abwendung von überwiegend passiv-rezeptivem Unterricht hin zu methodisch vielfältiger und schüler/-innenaktiver Unterrichtsgestaltung.

Die vorgestellten Unterrichtsbausteine in diesem Buch sollen dazu zahlreiche Anregungen bieten. Sie sind so gewählt worden, dass sie ein möglichst breites thematisches und methodisches Spektrum im kaufmännischen Unterricht abdecken. Es mag jedoch aufgefallen sein, dass die modernen Informations- und Kommunikationstechnologien hier kaum eine Rolle spielen, obwohl deren sichere Beherrschung inzwischen ebenfalls zu einer unverzichtbaren Schlüsselqualifikation im Berufsleben geworden ist. Bei den vorgestellten Bausteinen werden jedoch bewusst keine Computer vorausgesetzt, denn die technischen Ausstattungen an vielen Schulen sind in dieser Hinsicht noch sehr mangelhaft. Falls eine vorhandene PC-Ausstattung an der Schule umfassend genutzt werden kann, sollte das auf jeden Fall von den Lehrkräften bei der Methodengestaltung einfließen!

Einige Vorschläge beinhalten die Meta-Plan-Technik, d. h., es wird mit Plakatwänden, Kartenabfrage, Punktwertungen etc. gearbeitet. Falls diese Materialien an einer Schule nicht zur Verfügung stehen, kann mit Tafel, buntem Papier und Kreppband sehr gut improvisiert werden.

Das Thema „Gestaltung des kaufmännischen Unterrichts" ist kaum umfassend zu behandeln, weil die Berufsbildung im Gegensatz zur Allgemeinbildung viele zusätzliche spezifische Merkmale und Probleme aufweist. Dieses Buch kann daher nur einen kleinen Beitrag zur möglichen Verbesserung des kaufmännischen Unterrichts leisten, denn gerade im berufsbildenden Bereich beeinflussen – über die methodische Unterrichtsgestaltung hinaus – noch viele andere Faktoren die Qualität der schulischen Ausbildung. So ist beispielsweise ein enger Bezug zur Arbeitspraxis im Unterricht notwendig und sinnvoll, damit die Lernenden Zusammenhänge zwischen Theorie und Praxis besser erkennen können. Dienlich sind in dieser Hinsicht vor allem Betriebserkundungen – am besten von den Schüler/-innen selbst vorbereitet – Exkursionen, Expertenbefragungen etc. Bei Vollzeitschüler/-innen sollte die Lernbüroarbeit so oft wie möglich als praktisches Vorbild für theoretische Lerninhalte dienen, während bei Teilzeitschüler/-innen in Berufsschulen darauf zu achten ist, dass die eigenen Erfahrungen in den verschiedenen Ausbildungsbetrieben im Unterricht berücksichtigt werden. Am sinnvollsten ist dabei eine enge Lernortkooperation zwischen Betrieben und Berufsschule – sofern das zu realisieren ist. Diese spezifischen Probleme müssen im didaktischen Gesamtkonzept des kaufmännischen Unterrichts stets berücksichtigt werden, damit die Balance zwischen der Erfüllung beruflicher Anforderungen und den individuellen Schüler/-inneninteressen gewahrt werden kann.

Ebenfalls nicht behandelt wird hier das Bewertungsproblem im Unterricht, das sich aus neuen methodischen Ansätzen ergibt. So erscheint die traditionelle Wissensabfrage in regelmäßigen Leistungstests wenig sinnvoll im Zusammenhang mit schüler/-innenorientierten Unterrichtsmethoden, die die Förderung komplexer Lernzielbereiche anstreben. Inwieweit diesbezüglich neue Bewertungsverfahren eingeführt werden können und auf welche Weise die Abschlussprüfungen in der kaufmännischen Ausbildung konkret geändert werden müssten, sind weiterführende Fragestellungen, die es zukünftig zu beantworten gilt.

Abgeschlossen werden soll dieses Buch mit einem Zitat von BÖNSCH, das die wichtigsten Intentionen um die es hier geht, kurz und prägnant zusammenfasst und die Hoffnung auf einen verbesserten Unterricht an kaufmännischen Schulen impliziert:

> „[S]chulisches Lernen [ist] methodisch längst noch nicht ausgereizt [...], sondern [...] die spannenden Möglichkeiten [harren] in der Breite noch der Realisierung. [...] Zugespitzt gesagt: die alltägliche Unterrichtspraxis ist unter dem Aspekt erfolgreichen Lernens noch in einem archaischen Zustand. Ihn aus diesem herauszuholen, würde vielen Schüler/-innen helfen, ihre Lernleistungen sehr viel positiver zu gestalten, was Ergebnis und Weg anbelangt."[1]

---

[1] Bönsch (1995), S. 279

4   Literaturverzeichnis

Arndt, Claudia / Brümmer, Elke / Dageförde, Hartwig u.a. (1994): Spiele an Berufs-bildenden Schulen, (= Beiträge zur Berufs- und Wirtschaftspädagogik, Heft 8/94), Oldenburg 1994

Baer, Ulrich (1997): 66 Spiele zur Bearbeitung von Themen, Seelze (Velber) 1997

Bauer, Roland (1997): Schülergerechtes Arbeiten in der Sekundarstufe I, Berlin 1997

Beck, Herbert (1993): Schlüsselqualifikationen aus schulischer Sicht, In: Arbeit + Ler-nen/Wirtschaft, 3 (1993) 10, S. 6-11

Bönsch, Manfred (1995): Differenzierte Unterrichtsmethodik = variable Lernwege, In: Zeitschrift für Berufs- und Wirtschaftspädagogik, 91 (1995) 3, S. 265-283

Bönsch, Manfred (1991): Variable Lernwege - Ein Lehrbuch der Unterrichtsmetho-den, Paderborn/München/Wien/Zürich 1991

Brecker, Meike (2008): Beschaffungsprozesse. Ein Arbeitsbuch, Rinteln 2008

Fichten, Wolfgang (1993): Unterricht aus Schülersicht. Die Schülerwahrnehmung von Unterricht als erziehungswissenschaftlicher Gegenstand und ihre Verarbei-tung im Unterricht, Frankfurt am Main 1993

Fichten, Wolfgang (1989): Was kann man tun, um mit Schülern über Unterrichtsme-thoden ins Gespräch zu kommen? In: Pädagogik, 41 (1989) 1, S. 30-35

Greving, Johannes/Paradies, Liane (1996): Unterrichts-Einstiege. Ein Studien- und Praxisbuch, Berlin 1996

Klippert, Heinz (1998): Kommunikationstraining. Übungsbausteine für den Unter-richt, 5. Aufl., Weinheim und Basel 1998

Lehner, Martin/Ziep, Klaus-Dieter (1997): Phantastische Lernwelt. Vom „Wissens-vermittler“ zum „Lernhelfer“. Anregungen für die Seminar-Praxis. Eine Ideen-sammlung für Dozenten, Trainer und Lehrer in der Weiterbildung, 2. überarbeitete Aufl., Weinheim 1997

Meyer, Hilbert/Paradies, Liane (1993b): Plädoyer für Methodenvielfalt im Unterricht, Carl von Ossietzky Universität Oldenburg (= Zentrum für pädagogische Berufspra-xis), Heft 219/93, Oldenburg 1993

Meyer, Hilbert (1994): Unterrichtsmethoden, Band I: Theorieband, 6. Aufl., Frankfurt am Main 1994

Meyer, Hilbert (1987): Unterrichtsmethoden, Band II: Praxisband, Frankfurt am Main 1987

Pätzold, Günter (1996): Lehrmethoden in der beruflichen Bildung, 2. erw. Aufl., Hei-delberg 1996

Pallasch, Waldemar/Zopf, Dietmar (1980): Methodix. Bausteine für den Unterricht, Weinheim/Basel 1980

Pancratz, Georg (1996): Handlungsorientierter Unterricht an Kaufmännischen Schulen. Hintergrund - Konzept - Beispiele, Rinteln 1996

Rabenstein, Reinhold/Reichel, Gusti/Thanhoffer, Michael (1996): Das Methoden-Set. 5 Bücher für Referenten und Seminarleiterinnen, Bd. 4: Reflektieren, 8.Aufl., Münster 1996

Weiterführende Literatur:

Blum, Christian (2007): Debattieren. Die Königsform der Rhetorik erlernen, Kreuzlingen/München 2007

Boal, Augusto (1989): Theater der Unterdrückten. Übungen und Spiele für Schauspieler und Nicht-Schauspieler, Frankfurt am Main 1989

Castner, Thilo/Koch, Klaus (1996): Lernen ohne Angst und Stress. Einführung der Suggestopädie in den Schulunterricht, 2. Aufl., Darmstadt 1996

Herold, Martin/Landherr, Birgit (2005): SOL – Selbstorganisiertes Lernen, Hohengehren 2005

Kaspar, Hanna/Proner, Patrick / Rauda, Christian (2007): Pro & Contra – Das Handbuch des Debattierens, Heidenau 2007

Schaller, Roger (2006): Das große Rollenspiel-Buch. Grundtechniken, Anwendungsformen, Praxisbeispiele, Weinheim 2006

Scheller, Ingo (1998): Szenisches Spiel. Handbuch für die pädagogische Praxis, Berlin 1998

VanMents, Morry (1992): Diskussion(en) -aktiv: Leitfaden für den effektiven Einsatz von Diskussionen in Unterricht, Ausbildung, Fort- und Weiterbildung, München 1992

Stichwortverzeichnis

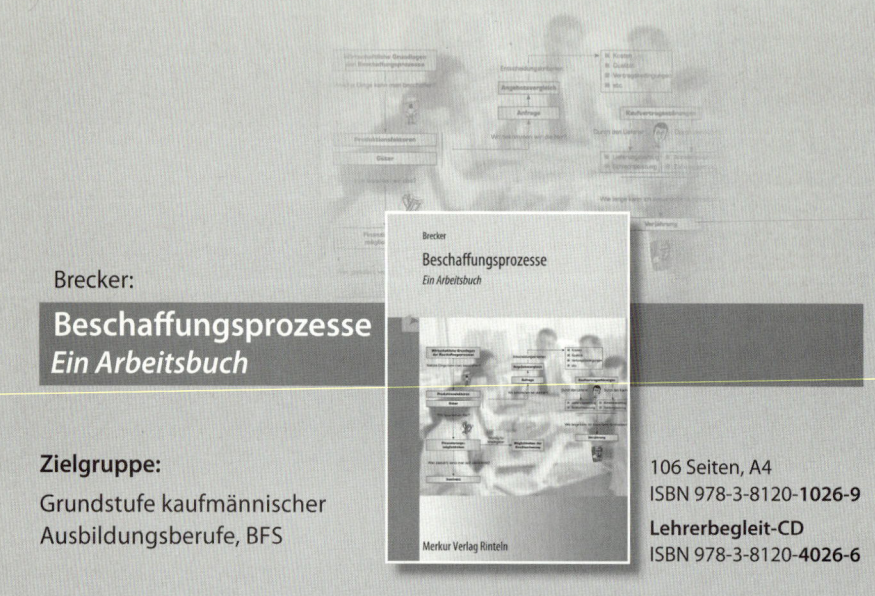

Brecker:

Beschaffungsprozesse
Ein Arbeitsbuch

Zielgruppe:

Grundstufe kaufmännischer
Ausbildungsberufe, BFS

106 Seiten, A4
ISBN 978-3-8120-**1026-9**

Lehrerbegleit-CD
ISBN 978-3-8120-**4026-6**

Konzeption: Das ansprechend gestaltete Arbeitsheft führt die Schülerinnen und Schüler als kaufmännische Auszubildende in einem modellhaften mittelständischen Dienstleistungsunternehmen durch die wichtigsten Bereiche der Beschaffungsprozesse. Dabei werden auch allgemeine wirtschaftliche und rechnerische Grundlagen (z. B. Prozent- und Zinsrechnung, Handelskalkulation) integriert.
Die jeweiligen Themen werden problemorientiert dargestellt und sollen durch abwechslungsreiche Methoden und Sozialformen i. d. R. selbstständig von den Schülerinnen und Schülern erarbeitet werden. Übersichtliche Zusammenfassungen der wesentlichen Inhalte und zahlreiche Übungsaufgaben zu jedem Kapitel dienen der Festigung des erworbenen Wissens.

Die **Lehrerbegleit-CD** enthält sowohl umfangreiche Musterlösungen zu den Arbeitsaufträgen als auch detaillierte Vorschläge zur methodischen abwechslungsreichen Unterrichtsgestaltung. Außerdem sind zahlreiche Folien, Karikaturen, Tafelbilder, Material für spielerische Wiederholungsübungen im Unterricht u. v. m. darauf enthalten.

Inhalt: Produktionsfaktoren, Güterarten, einfacher Wirtschaftskreislauf, Ablauf des Beschaffungsprozesses, Handelskalkulation, Angebotsvergleich, ökonomisches Prinzip, AGB, Kaufvertragsgrundlagen, Kaufvertragsstörungen, Verjährung, Vertragsarten, Arten und Formvorschriften von Rechtsgeschäften, Geschäftsfähigkeit, Nichtigkeit und Anfechtbarkeit von Rechtsgeschäften, Grundlagen der Finanzierung, Insolvenz.